小出流 ビジネスコンサルティング

Business Consulting

日本を元気にする切り札がここにある!

小出宗昭
Koide Muneaki

近代セールス社

はじめに

自分のアイデア1つで、人の、企業の、場合によっては地域全体の状況を好転させることができる——。

私が企業支援を行うようになって10年が経ちますが、この仕事の醍醐味、やりがいはこのひと言に尽きると実感しています。

そして、今ほど、日本全国各地域において、地元の中小企業や個人事業主、一次産業従事者、起業を考えている人など、地域経済を支える人たちを支援する人材の必要性を強く感じたことはありません。

日本の企業は9割が中小企業です。しかしながら、世界的に経済が低迷する中、業績不振に悩む中小企業は全国に山ほどあります。そうした地元企業を経営面からサポートし、業務改善を図ることができれば、その地域も元気になる。日本経済の底上げをするためには、全国各地に企業支援を担う存在が絶対的に必要なのです。

この本では、11年間で850件以上の新規ビジネスの立ち上げを支援し、膨大な数の中小企業などの業務改善に携わってきた私が、その経験の中で培ってきたコンサルティング・ノウハウを、具体的な支援事例を紹介しながら、あますところなく開示していきます。

本書を読み、地元企業を支援し、地域経済の活性化に取り組もうという志高きチャレンジスピリットを持った人が一人でも多く出てきてくれることを願っています。

私は現在、富士市産業支援センターｆ-Ｂｉｚ（以下、ｆ-Ｂｉｚ）で、主に地元富士市から静岡県全域の中小企業や個人事業主、起業を考えている人を対象に、経営の課題をともに考え、課題解決の提案を行いながら、事業を軌道に乗せるお手伝いをしています。新商品開発、新分野進出、販路開拓、プロモーションなどを地元の企業と一緒にチャレンジする姿勢を大切にしながら、私以下、８名の精鋭スタッフが総力を上げて取り組み、売上げに直結する結果を出し続けています。

人口26万人の富士市の規模にもかかわらず、２００８年8月の開設以来、これまでの総来場相談件数は６０００件を超え、毎月平均約１４０件の相談に対応しています。この実績は、全国の産業支援施設と比較しても群を抜いて高く、国の関係機関からは、我々のような産業支援施設を核として地域活性を行う「ｆ-Ｂｉｚモデル」が高い評価を受けており、全国に先駆けたロールモデルとして期待されています。

「日本一高い、チャレンジスピリット。」

これはｆ-Ｂｉｚ開設当初から掲げているスローガンです。我々は産業支援のフロントランナーとして、日本一高い富士山のふもとから、やる気あふれるチャレンジャーを次々に生み出し、地域活性につなげることを目指しています。

我々の取組みをひと言で表すと、「ビジネスコンサルティング」です。

コンサルティングというと、専門性の高い一部のスペシャリストの仕事と思われがちですが、私自身はいわゆる経営コンサルタントとは経歴も業務領域も異なります。マーケティングやコンサルティング技術に関する書籍を読んだこともなければ、大学や研修などで学んだ経験もありません。

もともとは静岡銀行の行員で、およそ18年間、渉外や融資、M&A（企業買収）などに携わってきた人間です。それが静銀からの出向という形で、２００１年2月から静岡市と浜松市の公的創業支援施設・産業支援施設の運営に携わることになったのです。自ら志願したわけではなく、経営トップから言い渡されたミッションでした。

つまり、企業支援家を目指していたわけでもなければ、コンサルタントになりたいとも思っていなかったのです。むしろ、銀行員としてのキャリアを積み、いずれは管理職に……と考えていました。

今でこそ、企業支援・創業支援のスペシャリストとして評価していただいていますが、コンサルタントとしてはまったくの素人、経験も知識もゼロからのスタートでした。しかも、金融機関の行職員にとっては必須とされる銀行業務検定（法務、財務、税務など）を1つも受けずにきました。資格を取得することに価値を見出せなかったからです。

この本の最初にお伝えしたいのは、そんな資格も知識もなく、使命感や志のなかった人間でも、中小企業の経営を支援するサポーターになれるということ。

そう、誰にでもチャンスはあるのです。

コンサルティングのノウハウは、現場で企業と向き合いながら「この会社のセールスポイントは何か」「どうしたらセールスポイントが存分に発揮できるか」を考え続け、実行に移す中で、成功も失敗も経験して身につけてきました。そういう意味では、企業支援をするのに資格も知識も必要ない。すべては現場で、試行錯誤しながらスキルを磨いていけばいいと思っています。

使命感や志についても、「2年間限定の出向」と言われていたものの、管理職を目指していた私にとって、産業支援施設の運営など自分のキャリア形成に何のプラスにもならないと思っていましたから、そんなモチベーションを持てるわけがありません。2年間のブランクができるだけじゃないかと失望したくらいです。

今と違い、その頃の仕事のポリシーは、最小限の労力で最大限の成果を上げること。汗水流して働くなんてバカバカしい。課せられたノルマを最短でクリアすることばかり意識していたような人間でした。

そんな職業観、価値観を一変させたのは、「ＳＯＨＯしずおか」で出会った、様々な起業家や個人事業主たちの起業家精神でした。

社員一人か二人という最小単位で活動する彼らのことを、私は「名もなきチャレンジャー」と呼んでいますが、規模は小さく無名であっても、高いチャレンジスピリットとユニークな事業アイデア、オンリーワンの技術力などを持った人ばかりで、それまで中規模以上の企業を相手に仕事をしてきた自分にとっては、目からウロコの連続でした。

私が最も衝撃を受けたのは、彼らのモチベーションの高さと、目標のために労を厭わない推進力。何よりも、こんなにも生き生きと働く人たちがいるのかという驚きは、効率良く仕事をこなすことばかり考えていた自分の職業観を覆すほどのものでした。

これだけポテンシャルの高い起業（企業）家が、地域に存在していることに誇りと勇気を得るとともに、彼らのような原石がほとんど評価されない社会システムに問題意識を持つようになったのです。

こうした名もなきチャレンジャーを正当に評価し、バックアップする体制づくりが必要だ。さらには、日本の企業のほとんどを占める中小企業の経営支援を行う産業支援施設を整備し、全国に先駆けたロールモデルを確立させたい。そんな使命感のような意識が芽生えたのは、この仕事に携わるようになってしばらくしてからのことです。

たとえ今、自分が携わる仕事にやりがいや目標が見出せなかったとしても焦る必要はありません。様々な業界で働く若手社員から、「何を指針にして仕事をすればいいのか分からない」「頑張っても意味がないと思う」「何のために働いているのか分からない」といった声をたびたび耳にします。

また、金融機関に勤務する若い人からは、入行して数年を経たものの、「取引先のお客様に融資以外の話まで踏み込めない」「本業のお役に立てない」「日々のノルマ達成が厳しく、成績ばかり気にしてしまってお客様目線で考えることができない」「決算書の数字だけで判断してしまい、経営者からの信頼を獲得できない」など、切実な悩みを打ち明けられることもあります。

かつて私も同じような煩悶《はんもん》を抱えたことがあります。しかし、この仕事に出会い、それまでとまったく職業観も人生観も、何もかもが変わりました。今は自分の人生を賭けて、地域の中小企業や個人事業主、これから起業したいと考えている人たちのお役に立ちたいという一心で、この仕事に打ち込んでいます。

先行きが見えず、不安そうな面持ちだった経営者が、我々とディスカッションする中で「御社のここが素晴らしい。この分野を伸ばしていく方策を考えましょう」「それこそセールスポイントですよ！」などと指摘しているうちに、みるみる表情が明るくなり、下を向いてばかりだったのが胸を張って「もう一度、頑張ってみます！」と前向きになる姿を何度も目にしてきました。たった1時間の相談で、相手の様子が劇的に変わることも珍しくありません。

そして、我々のサポートのもとで企業が生き生きと再生し、業績改善していく変化を目の当たりにするたびに、全身が震えるほどの感動を味わっています。地元企業の成長が束になれば、その地域をも元気にすることができるのです。

この感覚を多くの人に味わってもらいたい。何にも代えがたいやりがい、わくわく感、感動を体で感じてほしい。そうした感覚を実感したときに、きっと職業観や価値観は変わるはずです。

この本は、主に金融機関で働く若い人や、これからコンサルタントを目指そうという人たちを対象にしていますが、コンサルティング的発想は、常に提案が求められる営業職や、顧客と直接かかわる販売職、新規事業立ち上げや企画を専門とする人、人と人をつなげる人材派遣に携わる人など、様々な立場の人にも必要なスキルです。

人はみな良くなりたい。幸せになりたいと思っています。

企業であれば、売上げを伸ばし、成長しながら、ずっと続く企業でありたいと願っています。

経営課題があれば、それを解決し、改善したいと思うでしょう。そうした「良くなるため」のお手伝いをするのが、コンサルティングに携わる我々の仕事なのです。

誰かが良くなるために、自分に何ができるか。

その具体的な支援の仕方、成功する技術、さらに自分のスキルを伸ばすための工夫を、これまでの私の経験をベースにまとめました。本書を通じて、一人でも多くの人が、仕事にやりがいを見出し、誰かの役に立つことの喜びや、何かを変えるヒントを見つけていただけることを願っています。

2012年3月

富士市産業支援センターf‐Biz
センター長　小出宗昭

目次

第2章◆成功するビジネス戦略はこう立てよう

第3章◆プロのコンサル力がつく簡単トレーニング

終　章◆未来に向かってチャレンジ！

序章

真のビジネス
パートナーになろう！

1．地域金融機関に求められていることは何か

◎今、金融機関が最も重視すべき業務とは？

金融機関にとって、一番重要な業務は何でしょうか。一般的には「預金の受け入れ」「資金の貸し付け（融資業務）」「為替業務」が金融機関の本業であり、どれも欠かすことのできない重要な業務です。

しかし厳しい経済状況が続く中、金融機関、特に地域に密着した営業活動を展開している地方銀行や信用金庫に最も求められているのは、地元の中小企業の経営改善を様々な角度から支援することです。私はこの「中小企業の本業支援」こそが、金融機関の果たすべき最重要業務ではないかと考えています。

多くの地元中小企業を取引先に抱える金融機関にとって、取引先企業が金融機関に何を求めているか、どんなニーズを顕在的・潜在的に抱えているかをしっかりと把握し、ニーズにマッ

チしたサービスを提供することができれば、金融機関の業績アップにつながります。

私は、様々な中小企業や個人事業主の経営支援を行っていますが、彼らから寄せられる相談は、資金繰りや設備投資などカネにまつわることばかりではありません。私が日々、経営者や個人事業主と接していて感じるのは、「どうしたら経営を改善できるのか」「どうしたら売上げをもっと伸ばせるのか」という、資金以前の、もっと根本的な事業に関する悩みや課題解決の方策を求めているということです。

どんなビジネスに携わっている人でも、皆「今よりも良くなりたい」という願いは共通です。金融機関は、預金を受け入れたり、貸し付けをしたりすることだけが本業ではなく、こうした企業の様々な悩みに対して、解決策をともに考え、支援していくことも重要な「本業」なのです。

地域経済の活性化が金融機関の収益向上につながるわけですから、考えてみれば当然のことなのですが、銀行の中にいると、どうしても目先の利益につながりやすい融資業務を中心とするサポートのみに集中しがちです。

例えば、営業担当者であれば、自分の目標を達成するために新規融資先の獲得や既存取引先のシェアアップに懸命に取り組んでいるでしょう。「とにかく新しい融資先を」「もっと借入れを増やしてもらおう」という意識が強いばかりに、取引先の真のニーズを見失ってはいませんか？

資金調達よりも売上げを伸ばすにはどうしたらいいか腐心している経営者に、融資の話を持ちかけても成立することはほぼあり得ませんし、関心すら抱いてくれないでしょう。それどころか、「この担当者を相手にしていても時間の無駄だ」と思われてしまい、営業機会を逸するだけでなく、取引先との関係で最も大切な「信頼」を失いかねません。

このことに気づかず、自分の営業成績を上げることに捉われ、いかに借り入れてもらうか、預けてもらうかというアプローチしかしなかったら、取引先は背を向けてしまうでしょう。

ここは多くの金融機関の盲点でもあります。つまり、顧客である地域の中小企業や個人事業主が必要としているニーズと、金融機関が提供するサービスとの間にズレが生じてしまっていることに気づいていない地域金融機関が少なくないのです。

逆に言えば、地元企業のニーズにマッチしたサービスを提供できれば、競合他社との差別化につながります。

金融機関の果たすべきもう1つの本業、「取引先の経営支援」に力を入れることで、自行への信頼や顧客満足度は高まり、より大きな資金を預けてくれる、融資が必要なときに選んでくれる、メインバンクとして採用される……といった実績につながってくるのです。

◎自分たちの企業理念を見直そう

ここで、自分が勤務する金融機関の企業（経営）理念を確認してみてください。

企業にとって理念は重要だといわれますが、単なる冠ではなく、社全体に共有され、社員一人ひとりの業務遂行に浸透して初めて機能するものです。

しかし実際には、社員全員に浸透しているどころか、自社の企業理念を知らない人が多いのではないでしょうか。私自身、静岡銀行の行員だった当時は、何となくは知っていたものの、それがどういう意味を持つものか、深く考えたこともなく、ましてその理念に沿って業務を遂行しようなどと意識したこともありませんでした。その理念とは、

「地域とともに夢と豊かさを広げます。」

地域の企業や人と一体となって、未来を切り拓いていこうという姿勢がここに示されています。「地域とともに」の表現には、地元企業の活性化のために寄与することも当然含まれています。

参考に、ほかの地銀（信金）の企業理念も見てみましょう。

・地域社会との強い信頼関係で結ばれた、頼りがいのある〈ひろぎんグループ〉を構築する（広島銀行）

・健全、協創、地域と共に（常陽銀行）

金融機関の顧客満足度調査（日経金融機関ランキング２０１０）でトップランクに入った岐阜の大垣共立銀行の基本理念は、「地域に愛され、親しまれ、信頼される銀行」であり、地域の発展に資することこそが自分たちの社会的貢献との強い意識を持ち、銀行の枠を超えた地域活動を行っています。

また、ｆ－Ｂｉｚの企業支援ノウハウに学んだ「すがも事業創造センターＳ－ｂｉｚ」を運営する巣鴨信用金庫は、「金融機関」から「金融サービス業」への転換を図った先駆けでもあり、「地域のお客様の繁栄と豊かな暮らしづくりのお手伝い」を企業理念に掲げています。

ごく一部の紹介ですが、このように地域に根ざした金融機関の多くは、地元企業の経営支援を行うことが自分たちの存在を支えていると自覚し、それが地域金融機関の果たすべき役割だと認識しています。

地域産業との共生は、地域金融機関の最大の使命なのです。

自社の企業理念には何と書いてありましたか？　自分の会社が目指す理念、針路を、自分のこととして考えられるかどうか、自分の仕事とリンクできるかどうか。これはどんな仕事であれ大切な姿勢です。改めて、自社の企業理念や経営方針を見直してみてください。

◎コンサルティング機能の強化が「選ばれる金融機関に」

都市銀行をはじめとするメガバンクは別として、地方銀行や信用金庫、信用組合などの地域金融機関は、特定地域を営業の基盤としており、その地域に属する中小企業や個人事業主を取引先とする地域密着型の営業活動を展開しているはずです。

多くの地域金融機関が企業理念で「地域の発展繁栄のために」という姿勢を掲げているのは、ある意味当然なのです。

ところが、1990年代のバブル崩壊後、不良債権を抱えて行き詰まる地域金融機関が増え、かつては考えられなかった金融機関の破綻が相次ぎました。その頃から、金融機関の担保保証人主義が強くなり、安全性、健全性が何より優先されるようになった結果、取引先に対する格付けが厳しくなったのです。

取引先企業をバランスシートなどの数字で格付けし、資金を回収できる確実な企業にだけ融資する、経営体質の芳しくない企業には融資をしない。不良債権に対する警戒感が強まり、金融機関が保守的になってしまったのは、バブル崩壊が大きな転機だったのではないでしょうか。

不良債権が膨らみ、次々に金融機関が破綻したのをきっかけに、2003年に金融庁が「リレーションシップバンキング」を活かした再生プログラムを打ち出しました。これは地域金融機関の本来の使命であり強みでもある、「地域経済の発展」に寄与することで、自分たちも繁栄するというビジネスモデルに立ち返ることを求めたものです。

まだまだ十分とはいえませんが、それでも少しずつ、地域密着の意識の高い金融機関の中から、地元の企業と長期的な信頼関係を築き、融資だけではないコンサルティング的支援を行い、リレーションシップバンキングを実践するところも増えてきています。

どんな企業でも何かしらの経営課題を抱えており、高額なコンサルタント費用を払えない中小規模の企業にとって、こうしたコンサルティング機能の高い金融機関の存在意義はますます大きくなっています。

私は日々、様々な地域の中小企業や個人事業主、起業家のみなさんとともに、どうしたら事業が成功するかを考え続けていますが、年々、日増しに我々のような企業支援家へのニーズが高まっているのを感じます。

２００８年の世界同時不況、欧州の債務危機、そして２０１１年の東日本大震災と、世界的に経済が著しく減速し、中小企業経営はますます厳しくなる中、企業にとっても地域金融機関にとっても一大転換期にあるのです。

こうした時代の変化、環境の変化に対応していくことが生き残りにつながるのですが、今ひとつ、地域金融機関の反応は鈍いように思います。

私は静岡銀行の行員時代に、経済産業省の新連携事業評価委員など様々な委員を務めていたのですが、その当時感じたのは、経産省が感じている地域経済の危機感と、金融機関自身の意識とはずいぶん温度差があるということです。金融業界全体の危機意識は低く、経済環境が大きく変化しているのに、対応しきれていませんでした。

一部の敏感な金融機関を除いた多くの金融機関が、自分たちの経営に関する逼迫感はあったとしても、中小企業の支援ニーズが高まっているのに十分応えられていなかったのです。
このままでは地方経済はさらに悪くなるばかりと危機意識を強めた金融庁は、昨年2011年5月に、「中小・地域金融機関向けの総合的な監督指針」を一部改正し、「地域密着型金融の推進」を強調しています。どのような内容か、一部抜粋します。

地域経済の活性化や健全な発展のためには、地域の中小企業等が事業拡大や経営改善等を通じて経済活動を活性化していくとともに、地域金融機関を含めた地域の関係者が連携・協力しながら中小企業等の経営努力を積極的に支援していくことが重要である。なかでも、地域の情報ネットワークの要であり、人材やノウハウを有する地域金融機関においては、資金供給者としての役割にとどまらず、地域の中小企業等に対する経営支援や地域経済の活性化に積極的に貢献していくことが強く期待されている。（「中小・金融機関向けの総合的な監督指針」Ⅱ‐4‐2より）

このように、地域金融機関の役割として、地域の中小企業や個人事業主が抱える経営課題への適切な助言や販路拡大などの経営支援、ニーズに合致した多様な金融サービスを提供することの重要性を指摘しています。

こうした監督指針を受けて、これまで意識の低かった金融機関も、いよいよ地域の企業支援に本腰を入れなければならないという意識に変わりつつあります。

しかし、ではどうやって企業支援を行えばいいいか、目指すべきモデルがないため、具体的な取組みにまで至っていない金融機関が目立ちます。

金融機関が自らの生き残りをかけて、真の意味での地域密着型金融機関に変貌を遂げるためには、地域企業との連携、そして経営支援が欠かせません。これまでの説明で、この大前提がご理解いただけたと思います。

次項からは、具体的にどのようにして企業の経営支援（「ビジネスコンサルティング」といいます）を行えばいいかについて、我々ｆ‐Ｂｉｚのノウハウをもとにお伝えしていくことにします。

2. ビジネスコンサルティングで事業をサポートしよう

◎ビジネスコンサルティングとはどんな仕事か

地域密着型金融の実現を果たすためには、取引先である地元の企業や事業主とのパートナーシップを築き、「必要とされる金融機関」「選ばれる金融機関」になることが重要です。

取引先に信頼されるには、彼らがどんな経営課題を抱えているかを知り、どうすればそれを解決できるのかをともに考え、サポートする存在になることです。そうやって地域密着型の姿勢を貫くことで、中長期的には自分たちの繁栄につながるのです。

金融機関ではこうした企業支援のことを、「ソリューション営業」とか「本業支援」といいますが、我々は「ビジネスコンサルティング」という表現を使っています。様々な言い方がありますが、本書では、「ビジネスコンサルティング（以下、コンサルティングに省略）」で統一し、説明することにします。

コンサルティングとは具体的にどういう仕事なのか。ｆ‐Ｂｉｚを例に説明しましょう。

我々が取り組んでいるのは、地域の産業支援を通じた地域活性化です。地元の企業や事業主が元気になり、新しいビジネスにチャレンジする人が次々に生まれることで、地域経済が活性化し、その地域全体が元気になるからです。

具体的には、経営課題を抱える経営者や事業主、起業家のみなさんと面談をし、彼らが抱える経営課題を解決に導くためのコンサルティングを行い、彼らの持つ能力やセールスポイントを最大限に活かしながら、事業が成功し、経営力を高めることを全面的にバックアップしています。この一連のアドバイスやサポートを、「ビジネスコンサルティング」と言っています。

企業が抱える経営課題とは何か。ほとんどの企業に共通しているのは、「売上げ」に関する課題です。モノ・サービスが思うように売れない、伸び悩んでいる、関心を持ってもらえない……。こうした状況を打破する方策を、経営者や担当者へのヒアリングの中から探っていきます。

私は、売上げを向上させるための方策は３つしかないと考えています。「販路開拓」「新商品・新サービス開発」「新分野進出」。事業内容や環境、市場性などを鑑みつつ、どの戦略が適切か、売上げアップに効果的かを検討し、具体的なプランを提案し、その実現に向けてサポートしていくのが我々のコンサルティングのやり方です。

そのほか、人材不足や技術的な問題、資金調達などの課題を抱えているケースが見受けられます。

いずれにせよ、こうした企業の様々な経営課題を解決するためのアドバイスだけでなく、実施をサポートし、その後のアフターフォローまで行うのがコンサルティングの実務範囲です。

◎コンサルティングで競合他社に差をつける

こうした地域密着型金融の推進は、顧客企業との長期的な取引関係を前提とした取組みであって、短期的には金融機関の財務の健全性や収益力の向上に結びつけるのは難しいため、多くの金融機関は目先の預金や融資など従来の金融業務を重視しがちでした。

しかし、中長期的な視点に立ってみると、こうした金融業務の部分では差別化を図るのが非常に難しく、いかに金利を下げるかという金利競争になってしまいます。それでは低価格競争で疲弊した企業と同じく、金融機関も体力を消耗するだけです。

一方、コンサルティングの分野については、できるところとできないところの差が歴然としていますし、預金や融資と同じく重要なサービスの1つと捉え、積極的に取り組んでいる金融機関は確実に評価を高めています。コンサルティングの成果が上がって顧客の利益につながれば、圧倒的な信頼と評価を獲得できるのです。メインバンクに格上げされる可能性も広がります。

こうしたことから、「選ばれる金融機関」「必要とされる金融機関」になるポイントとしては、今後はこのコンサルティング機能の有無、クオリティで決まってくるでしょう。

さらに言えば、今、この時代に、質の高いコンサルティングのノウハウを構築できるかどうかによって、金融機関の未来は決まってしまうだろうとさえ考えています。

したがって、金融機関にとってコンサルティングスキルを持った人材育成が喫緊の課題となっているのです。

こうした地域の企業支援の重要性にいち早く気づき、独自の取組みを行っているのが静岡銀行です。他行に先駆けてコンサルティングを専門に行うセクションを設置し、各エリアでMC（マネジメント・コンサルタント）という専門職員が企業支援に当たっています。

ほかにも「法人渉外部」「法人営業支援部」といった名称で、企業支援に力を入れている金融機関も出てきていますが、今後はそうしたセクションを超えて、行員一人ひとりがコンサルタントの視点を持ち、基本的なスキルを身につけておくことが求められます。

◎「売上げが上がらない」と言われたときがチャンス

なぜならば、地域の中小企業や事業主と直接向き合い、情報を吸い上げるのは最前線の営業担当者だからです。現状では、法人部などの専門セクション以外の人は、日々の業務の中で取引先の企業経営者や事業主から、経営にまつわるいろいろな話を聞いているものの、コンサルティング意識に欠けるため、聞き流してしまっていることが多いでしょう。

例えば、大半の顧客が「売上げが上がらない」ということを口にしているはずです。それに対して「そうですか。大変ですね」と流していませんか？

金融機関にとって、実はこのときがチャンスなのです。「売上げが上がらない」というのはまさに企業の悩み、経営課題です。課題を抱えている企業に対して、どうしたら売上げ不振から脱却できるか、売上げを伸ばせるかのアドバイスができれば、その金融機関への評価が高まるのはもちろん、様々な取引を獲得することができるのです。

このように、最前線の営業担当者がコンサルティング的視点を持ち、機会を捉えてビジネスチャンスに結びつけることができるかどうか。ここが、これからの地域金融機関の未来を分ける大きな要因になってくるのです。

これまでの金融機関の営業は、融資の獲得が最大の目的でした。そのため、売上げ増加に伴う事業拡大や、新設備の導入などの資金需要を見つけることに意識が集中しがちで、その反対の「売上げが伸びない」「業績不振を何とかしたい」といった取引先のマイナス情報をビジネスチャンスと捉えることができませんでした。

しかし、「売上げ不振」と「融資」は決して無関係ではありません。売上げ不振を脱却するための方策としては、前述したように「販路開拓」「新商品・新サービス開発」「新分野進出」の3つしかありません。顧客企業の状況によって、売上げ増加につながる方策を提案・サポートし、成果が得られれば、その結果、融資につながるはずなのです。

厳しい経済状況が続いている中、企業の資金需要というのはそうありません。堅実な企業ほど、できるだけ借入れをせずに営業活動を行おうと工夫をしています。取引先との面談で、すぐに融資を獲得するなど不可能に近いのです。にもかかわらず、依然として金融機関が融資のみを重視し、「売上げが悪くて困っている」という企業に対して、「運転資金は必要ではありませんか？　融資しますよ」といったちぐはぐな営業を続けていれば、せっかくのビジネスチャンスを逃すばかりか、顧客の信頼を失ってしまうでしょう。顧客は融資のカネが欲しいのではなく、新しい販路や売上げアップを求めているからです。

こうした顧客の真のニーズを捉えることができるかどうか。これは、コンサルティングの最も重要なスキルであり、相手の需要にマッチしたコンサルティングサービスを実施することは、銀行業務全体の高度化、そして競合他社との差別化につながります。

3．真のビジネスパートナーになるために

◎信頼を得るための第一歩

　コンサルティングを行ううえで、コンサルタントが目指すのは〝真のビジネスパートナー〟になることです。

〝真のビジネスパートナー〟とは、相手に信頼され、この人にならら経営の状況を打ち明けられる、相談すれば活路が見出せるかもしれないと思ってもらえる存在。そして、サポートを受ける企業からすれば、自社にとって都合の良いことばかりを言うのではなく、本質をきちんと見極め、ネガティブな指摘でも顧客にとって必要な情報は率直に伝え、どうやって事業を成功に導けるかをともに考え、チャレンジの伴走をしてくれる存在――これが、〝真のビジネスパートナー〟なのではないでしょうか。

　では、取引先の企業に真のビジネスパートナーと認めてもらうには、どのような行動をとれ

ばいいのか。多くの企業が抱える「売上げが上がらない」という課題を前にしたときのケースとして、具体的に考えてみましょう。

取引先との面談の際に「売上げが悪くて困っている」と言われた際、どのように対応すれば信頼を勝ち取れるでしょうか。あくまで一般的なケースとして紹介します。

前述したように、売上げ増加の方法は3つです。そこで、まずこう切り出します。

「売上げを上げる方法は3つしかありません」

すると、相手は、

「え、3つ？　それは何ですか？」

とグッと関心を示すでしょう。

そこで、こう続けます。

「それは、『販路開拓』と『新商品・新サービス開発』、そして『新分野進出』です」

ズバリと明快に提示された相手は、きっとその先を聞きたくなるに違いありません。

「どの方法が御社に適しているか、どんな戦略で行うか、一緒に考えませんか？」

そんなふうに投げかけられれば、「この担当者に相談すれば何か得られるかもしれない」と信頼してもらえるでしょう。

これが、〝真のビジネスパートナー〟になるための第一歩です。

◎相手の利益を優先させることで自分も潤う

つまり、ビジネスコンサルタントとして「企業と一緒にチャレンジする」という姿勢を自分の芯に一本通すことが、最初のステップとして大切なのです。

もっと言えば、自分の成績や自社の業績を上げることを優先するのではなく、お客様が今よりも良い状態になるためにはどうしたらいいかを最優先にし、ともに考え、サポートすることを信念とできるかどうか。お客様が良くなって初めて自分たちも良くなれるのだという意識を持てるかどうか。

組織の中で達成すべきノルマや目標がある中で、自分のことよりお客様の利益につながることを優先せよ、と言ってもそう簡単にできることではないかもしれません。私自身、静岡銀行の行員だった頃は、企業理念に「地域とともに夢と豊かさを広げます。」とあることを知っていても、地域のことを明確に意識したことは一度もありませんでした。

自分たちの「夢と豊かさ」については考えても、お客様の「夢と豊かさ」については考えが及ばなかったのです。

しかし、過去の自分に対して「そうじゃないだろう」と言いたい。お客様の喜びを自分の喜びとして共有できる人間が、本当の意味でのビジネスコンサルタントであり、顧客から信頼される真のビジネスパートナーになれるのです。

そのことに気づいたのは、静銀時代に出向した「SOHOしずおか」で、これから新しいビジネスを始めようとしている起業家や、個人事業主、商店経営者など小さな名もなきチャレンジャーたちが必死で頑張る姿を目の当たりにしたときでした。彼らのような意欲ある挑戦者たちにビジネスチャンスを提供し、支援する存在が絶対に必要だと思いました。立ち返ってみると、自分が所属する組織の企業理念に「地域とともに」とあるではないか。自分が担うべき使命、取り組むべき課題は、こうしたチャレンジャーたちを支援することではないかと気づいたのです。

と同時に、こうした意識をまったく持たずに、自分の成績や利益ばかり考えて仕事をしてきた十数年間を悔い、そして恥じました。

だからこそ、本書を手にした読者のみなさんには、仕事の意義や役割、やりがい、何のために働くのか、といった根本的なところを見失わず、かつ、組織に貢献しながら、お客様に喜ばれる存在になってもらいたいと思っています。

ビジネスコンサルタントは、自分の利益ばかり考えていては務まりません。お客様からビジネスパートナーとして信頼され、どんなことでも話し合える関係性を築き上げ、そしてその企業の事業を成功に導き、感謝される存在になることがコンサルタントのゴールだと私は考えています。相手が良くなれば、必ず自分にも返ってきます。目先の利益を追いかけるよりも、より大きな利益を自分自身が享受できるのです。

◎ビジネスコンサルタントとして大切な3つの心がまえ

以上のことを踏まえて、ビジネスコンサルタントとしてスタートラインに立とうとしているみなさんに、私がおよそ10年にわたって企業支援に取り組んできた中で、大切にしてきた３つの心がまえについて、お伝えしたいと思います。

①どんな企業、人にも必ず「売り」「強み」があることを前提にする

誰にでも、何にでも必ずセールスポイントはある。

これは、企業や起業家をサポートする大前提として、私が最も大事にしていることです。業績不振で伸び悩んでいたり、新規事業がうまくいっていなかったりすると、人は自分たちの持っている価値や強みを見失いがちです。

「うちは何をやってもダメだから……」「古い会社で新しい流れに対応できていないんです」「斜

陽産業ですから、何か新しいことを始めないとと思うのですが、なかなか……」

自分の良さや魅力というのは、自分では客観的に見られないものですが、このように自信を失っているとなおさらです。

端から見て、平凡で何もなさそうに見える企業や事業であっても、業績が低迷して青色吐息の企業であっても、会社が存続しているのには何らかの「続く」理由、価値があるからに他なりません。

その見失った価値、本人たちが気づいていない「強み」「売り」を発掘できるかどうか。それがコンサルティングの最初の仕事と言ってもいいかもしれません。相手の光る部分に気づくためには、バランスシートを見ていても分かりません。事業の欠点をあげつらっていても見えてきません。

どんな企業でも、どんなものにも、必ずセールスポイントはある。

この信念で相手を見ることができるかどうか——それによって、コンサルティングが成功するかどうかは決まると言っても過言ではありません。

②相談者との関係は「対等」と心得る

セールスポイントを見出せるかどうかは、相手のことを対等なビジネスパートナーであると思えるかどうかによっても変わってきます。

金融機関の中にいると、どうしても顧客を融資の対象者として見てしまい、この企業の業績はどうか、融資に値する相手かどうか、表面的な数字で値踏みしてしまいがちです。そうなると、対等なビジネスパートナーというよりも、〝上から目線〟で相手を見るようになってしまいます。エスカレートすると、「カネを貸してやっている」という意識にも陥ってしまいます。

それでは相手のセールスポイントなど見えてきませんし、信頼関係も築けません。

しかし、企業支援を行うコンサルタントとしては、パートナーシップが重要です。パートナーとして意識すると、相手とともに挑戦しよう、一緒に成功を目指そうと思うようになるからです。

③相手に対するリスペクトを忘れない

尊敬心というものは、「持て」と言われて持てるものではありませんが、私は、f‐Bizに訪れるすべての人に対して、常にリスペクトの気持ちを持って接しています。無理矢理そういう意識を自分に植えつけているのではなく、ごく自然に、彼らはすごい！　と思うのです。なぜならば、「SOHOしずおか」で、人も、カネも、コネクションもないところから挑戦しようとしている姿、ビジネスにかける情熱や意識の高さに触れたとき、自分に置き換えて考えてみたのです。自分はまったくのゼロから彼らのようにチャレンジできるだろうか？　いや、自分にはできない。できないことに挑戦する人たちはすごい、リスペクトだ、というように思い至るのです。

この「自分だったらどうするだろう？」と我が身に引き寄せて考えることは、リスペクトできるかどうかだけではなく、相談企業の案件を扱うときにも必要な感性といえます。

経営者の立場を自分に置き換えてみることで、相手へのリスペクトの念は自然に湧いてくるでしょう。キーポイントは、他人事として考えないこと。どんなことでも、「自分だったらどうするだろう？」と考えるクセをつけておくと、いろいろな場面で想像力が働き、機転が利くようになるはずです。

自分のことであれば、誰だって必死で考えます。相談相手の課題を自分事として考える。視点を自分に引き寄せるだけで、向き合う相手へのリスペクトにつながり、コンサルティングの仕事そのものがまったく違って見えてくるでしょう。

以上、3つの心がまえは、これからコンサルティング・スキルを身につけたい人に必要な基本です。

これらのポイントを普段の仕事に活かしながら、顧客対応にあたることで、真のビジネスパートナーに一歩近づけるのです。

第１章

成果につながる
相談対応のポイント

1. 成果の出る戦略・プランづくりに大切な3つの視点

◎セールスポイントの発掘で自信を取り戻させる

私はこれまでに、およそ1万人以上の中小企業経営者、個人事業主、起業家と出会い、彼らのビジネスをサポートしてきました。「売上げを上げたい」「新規事業を成功させたい」「起業したい」といったニーズに対して、様々な戦略を練り、実行してきたのですが、その中で成功したもの、成果が上がったものを分析してみると、次の3つの戦略・プランで結果を出していることが分かりました。

①セールスポイントを発見し、活かす
②ターゲットを絞る
③連携する

コンサルティングの順序としても、この①②③の段階を経て行います。相談者から様々な内容の課題を持ち込まれたときに、問題点を整理し、順序立ててソリューション方法を考えるうえで、この３つをしっかりと頭に入れておくと混乱せずにプランを作成することができます。

また、相談者の中には自分から話したがらない人もいます。表面的なことしか言えず、問題の本質を自覚できていない場合も少なくありません。そうしたケースにも、この３つのポイントを押さえてヒアリングしていくと、重要な点に着眼することができ、相手に気づきを与える提案が生まれやすくなります。

この３つの視点のうち、コンサルティングの柱となるのが、心がまえのところでも触れた、①の「セールスポイントを発見し、活かす」という点です。

私が面談の最初に行うことは、相談者の企業がどんな事業内容なのか、どんな商品・サービスを扱っているのか、どんな技術・ノウハウを保有しているのか、どういう顧客がいるのか……といった事業概要をつぶさに聞き出すことです。「売上げ不振でこのままでは潰れてしまう」など、切迫した課題を抱えている場合、悠長にヒアリングできないこともありますが、それでもまず当該企業の全体像をつかむことが大事だと考えています。

目的は１つ。その企業がその事業で継続して来られたのには、何かしらの魅力や価値があるからです。それは一体何なのか、つまりセールスポイントはどこにあるのかを掘り起こすためです。

いきなり、「御社の強み、セールスポイントは何ですか？」と聞いても、明快な答えが返ってくるケースはほとんどありません。

厳しい経済環境が続く中、多くの企業は当座の売上げをどうするか、事業をどうやって軌道に乗せるか、商品・サービスを買ってもらうにはどうしたらいいか……といった目の前のことに精一杯で、自社の強みは何かなど、改めて考えたことなどないからでしょう。

ましてや、売上げ不振にあえぐ企業の場合、すっかり自信を失ってしまい、「自分たちにセールスポイントなどない」と思い込んでしまっていることがよくあります。

しかし、「ない」のではなく、あるのに「見失ってしまっている」「自覚できていない」だけです。どんな企業にも、人にも、セールスポイントは必ずあるからです。

セールスポイントが見出せない、ないと錯覚してしまっている人たちに、課題や問題点ばかり洗い出していても、解決の突破口はなかなか見えてきません。ですから、私がどんな相談者に対しても真っ先に行うのは、相手のセールスポイントを発見し、本人に気づかせることなのです。

人は誰しも、突破口が見出せず五里霧中にあったり、どうせ何をやってもうまくいかないと諦めてしまっている状態では、新しいアイデアなど思いつきませんし、提案してみたところで、挑戦しようという意欲も湧きにくいでしょう。

だから最初に、確かに存在しているのに埋もれて見えなくなってしまった価値や魅力、強みを、もう一度、彼らの中に自覚させることが最優先すべきことなのです。

◎リスクヘッジとしての「売り」の発見

相談企業のセールスポイントを発見し、それを軸に事業展開を行うことは、「すでにあるものを活かす」発想です。

経営コンサルタントや産業支援機関の担当者の中には、売上げ低迷を脱却するために、大きな資金を投資して新分野に進出することを提案する専門家もいます。しかし、よほどその新ビジネスの成功率が見込めるものでない限りは、大きなリスクを伴う提案は避けるべきだと考えています。資金力のある大企業でもない限り、万一失敗してしまったときのダメージは大きく、最悪の場合は立ち直れない状態に追い込まれてしまう危険性もあります。

良いコンサルティングとは、支援する企業にできるだけリスクのかからない方策を提案することです。ゼロから生み出すのではなく、今ある価値を最大限に活かすにはどうしたらいいかという発想をベースにすることが大事。そのためにも、セールスポイントの発掘をコンサルティングのスタートにしているのです。

こうしてコストやリスクのかからないプランを提案し、相談者が自らの意志で納得して取り組めば、もし万一うまく結果が出なかったとしても、大きな失敗に発展することは避けられます。また、相談者が自ら納得し、選択して実施したことですから、クレームを受けることもほとんどないでしょう。

f‐Bizではたくさんの事業プランをサポートしていますが、これまでに相談者からクレームをいただいたことは一度もありません。一緒に挑戦した戦略が残念ながらうまくいかなかったとしてもそこで終わりではなく、次にどうしたらいいかを考えます。最初の挑戦にできるだけコストをかけずに行っているため、リトライが容易にできるのです。

我々コンサルタントの信条は、「できるだけお金は出さずに、知恵を出す」。

このことを実行するためにも、セールスポイントの見極めは非常に重要なのです。

2. セールスポイントは話題性、社会性、共感性の3つから絞り込もう

◎顧客に訴求する要素は一体どこにあるか

どのようにしてセールスポイントを見つけるか。具体的な事例で説明していきましょう。富士市でパン屋を営むベッカライ・ヤキチは、車から目につきにくい場所へ移転したことをきっかけに売上げ4割減と業績不振に悩むようになり、自分たちのセールスポイントを見失っていました。

店長の山田さんは、「うちは小麦粉など素材にこだわっていて味も質も自信はある。パンが売れなくなったのは立地条件の悪いところに移転したせい。競合が激しく、地元への浸透が思うように進まなかった」とおっしゃいます。

素材一つひとつを吟味し、納得のいくものを使用している――それが自分の店のセールスポイントだと自覚されていたのですが、私はそれでは弱いなと感じました。「素材にこだわる」

というのは、ちょっとした食べ物を扱う店がよく言うことで、差別化にはつながりにくいと考えたのです。

また、立地条件が良くないことが売れなくなった理由とされていましたが、根本的な原因はそうした外部環境ではなく、店のセールスポイントが明確でないことにあると分析しました。

そこで、この店の真の魅力、セールスポイントは何なのかを発掘することから始めました。

セールスポイントを見つけ出すときのポイントは次の3点。

ポイント1◆話題性、新規性

ありそうでなかった付加価値、ユニークなサービス、この地域にはないオンリーワン商品など、「ほかと違う」と思わせる何かがあるかどうか。「業界初」「県内初」「地域初」といった新しい仕組みや技術を持っているかどうか、その希少性、新規性は大きな強みになる。

ポイント2◆社会性

最近、利益追求型ではなく「問題解決型」のNPO法人や、起業家が増えている。児童養護施設の建設・維持のためのファンドを立ち上げた起業家、介護職員の社会的地位向上と安定収入を目的に設立した企業、ホームレスや低所得者の人たちに食べ物を届ける事業を展開するNPO等。こうした社会的な問題を解決するため、世の中を先読みし、行動しているかどうか。

ポイント３◆共感性

人が感情移入し、共感できるストーリー性を持った商品、企業、人物であるかどうか。経営者そのものがオリジナリティにあふれ、人生に物語があることもあれば、商品の開発や売れ方に物語があることが多い。または、その企業の存在、企業の取組みに共感性を生むものがあることも。こうした人々の心を揺り動かす物語のあるビジネス、人物であるかどうか。

コンサルティングを行うときは、この3点のいずれかに当てはまるものがないかどうかを注意しながら、本人たちが気づいていない真のセールスポイントは何なのか探っていきます（なお、この3点は対外的にこの店を効果的にＰＲするときのポイントと共通します）。

◎お客様の目線で真のセールスポイントが見えてくる

山田店長との面談の中で私がピンときたのは、「毎朝4時半から15種パン生地をつくり、それをベースに50種類ものパン商品を売っている」という点です。

先の3ポイントの「話題性」に当てはまります。競合他社が太刀打ちできないオンリーワンのこだわりを持っている。この点をクローズアップしたプロモーションを打つ戦略を立てよう、そう目論んだのです。

ベッカライ・ヤキチにはパン職人が一人しかいないのに、15種類ものパン生地を毎朝こねているということに驚きを覚えました。素材にこだわる云々よりも、こちらのほうがよほどインパクトが強いし、お客様にそのこだわりがしっかり伝わるに違いないと考えたのです。

どんなにこだわって誠実にやっていても、その労力が消費者に伝わらなければ徒労に終わってしまいます。「本当においしいパンをつくるために、パンの種類に合わせて15種類のパン生地をつくっている」というセールスポイントをもっと明確に打ち出そうと、ｆ‐Ｂｉｚのスタッフがアドバイスし、新しいパンフレットを作成しました。

キャッチフレーズは「職人がつくるから、職パン」。15種類のパン生地と、遠赤外線の石窯焼きでこだわり抜いてパンをつくっていることをアピール。まだ始まったばかりのプロジェクトなので、結果が出るのはもう少し先ですが、ベッカライ・ヤキチのパンのおいしさの秘密がはっきりＰＲできたと思います。

この事例は、大幅な売上げ減で自社製品に自信はあるものの、なぜ顧客がつかないのか、その理由が分からないまま、打つ手が見当たらない状態でした。

しかし、自分がお客の立場になって話を聞いていくうちに、「え、毎日15種類ものパン生地をつくっているの？　それはすごい！」と心が動いたのです。

真のセールスポイントを発見するときは、「自分がお客目線になってみる」ことが大事。自分だったら、この商品・サービスにお金を払うかどうか？　払うと思ったのはなぜか？　ということを考えながら、相手の話に集中して耳を傾ける。そうする中で、必ずビビッとくるポイントに出会うはずです。その瞬間を逃さないためにも、お客目線になることは非常に有効なのです。

3. 問題点や弱点の指摘からはビジネスの方向性は見えてこない

◎「ほめる」ことから本質を探っていく

相談者には様々なタイプの人がいて、自分からどんどん話してくれる人もいれば、質問を投げかけてもなかなか話してくれない人もいます。場合によっては、自社の弱点をさらすことにもなるため、本質的な部分を避けてお話しされる人もいます。

「話を引き出せない」「話してくれない」場合、どうしたら効果的にビジネスの核となる部分を引き出せるでしょうか。

私はコンサルティングのスタンスとして「ほめる」ことを基本としています。

産業支援の専門家や経営コンサルタント、銀行の融資担当者などの中には、財務諸表などを分析し、その企業の問題点をあげつらって、何の改善策も示さないまま、相手のモチベーションを削いでしまうようなタイプもいます。

しかし、「否定」だけでは何も生まれません。我々、支援者の使命は、相談企業の事業を軌道に乗せるお手伝いをすることです。経営分析をして採点することが仕事ではありません。みなさんにも、この点はよくよく肝に銘じていただきたいと思います。

相談企業のセールスポイントを見出すためには、相手からできるだけ様々な話を引き出す必要があります。どこに真の「売り」「強み」が隠れているか分からないからです。

業績不振ですっかり落ち込んで話すこともままならない経営者や、我々が信頼できる相手かどうか探っている状態で話してくれないようなこともたびたびあります。

そうした人たちが、話してくれるようになるタイミングは共通しています。自分たちが誇りとしている部分、ここだけは自信がある、と思っているところを的確にほめたときです。

ほめられて嫌な気分になる人はいないといいますが、正しくは違います。ほめるべきではない的外れな部分をほめてしまうと、単なる「おべんちゃら」としてしか受け取られず、逆に不信感を抱かせてしまいます。

例えば、商品そのものに魅力があり、本人たちもそこに誇りを持っているのに、「商品陳列が分かりやすく、インテリアも洗練されていますね」などとほめたところで、少しも相手の心に響きません。逆に、こいつはちゃんと自分たちのことを分かってくれるのだろうか？　と眉をひそめてしまうのではないでしょうか。

ほめるということは、相手が大切にしているもの、もっと追求していきたいと考えていることは何かを見つける作業でもあり、それは、真のセールスポイントを発見することと同義であるといえます。

人の話を聞いているとき、あるいは何かに取り組んでいる姿を見ているとき、「すごいな」と純粋に思うことがあるでしょう。その「すごい」と感じた部分が、相手のセールスポイントなのです。コンサルティングを行うときには、問題点を探すのではなく、「すごい」と思える部分はどこにあるのか、「すごい」探しをしていくことを基本姿勢に置くことで、相手の光る部分が見えてきます。

◎企業支援と子育ての共通点

企業支援と子どもの教育は、似ているところがあると感じます。子どもは叱るばかりでは伸びません。そんなやり方ではダメだ、なぜこんな簡単なことができないのか、もっとしっかり考えなさい……そうやって欠点や弱点を指摘することで改善され、子どもの成長につながるのだったら指摘することは間違いではないと思いますが、実際にはまったく逆効果である場合がほとんどです。

私自身、二人の子どもを持つ父親として、あるときまでは子どもの教育として「叱る」ことは必要だと考え、どちらかというと子どもたちから「厳しい父親」と思われてきました。

しかし、企業支援をするようになり、日々、相談者の良いところ、すごいと思える部分はどこだろうと探し、発見したときは「御社のすごいところはそこですね。それこそが強みですよ！もっと伸ばせる方法を一緒に考えましょう」などと率直にほめたたえているのに、子どもに対しては……。

もしかして、自分は子育ての方針を間違えたかもしれない。ハッとして、それからはよほどのことがない限り、叱るのをやめました。そして、些細なことでも「いいじゃん」「やったな」「よくできた」……とほめるように心がけました。子どもたちが高校生と中学生のときのことです。

仕事で携わる経営者や起業家のみなさんは、私がほめて応援すると、俄然やる気を出して、ものすごく頑張ります。モチベーションを高く持ち取り組むことで、事業の成果も上がりやすくなります。

私の子どもたちも、「叱らない」「できるだけほめる」ことを意識し、教育してきた影響もあって、のびのびと、様々なことに恐れずに挑戦する姿勢が育ったと思います。

「ほめて伸ばす」

月並みな表現ですが、これは企業支援も教育も変わらない「人育て」「企業サポート」の核心だと私は自分の経験を踏まえて考えています。

4．顧客ターゲットを明確に絞り込むポイント

◎絞り込めば絞り込むほど差別化が明確になる

セールスポイントを見出したら、次に、その強みを最大限に活かせる市場を探り、どんな顧客に向けて、どんなアプローチをすることが有効なのか、ターゲットの絞り込みに入ります。

モノやサービスがあふれる中、より多くの人をターゲットにしたいと大網を投げたところで、既存商品との違いが顧客に伝わらず、失敗することがほとんどです。

特に商圏が狭く、商品アイテム数が多くない中小企業、小規模事業者にとっては、ターゲットはできるだけ絞り込んだほうがいいと考えています。絞ってしまうとビジネスチャンスが狭くなると思うかもしれませんが、オリジナリティが際立ち、競合他社から頭一つ抜きん出た商品・サービスを顧客にアピールできるのです。

例えば、「音楽ファン向け」ではまだターゲットがぼやけています。音楽が好きな層といっ

ても、クラシックファンなのか、ジャズ好きなのか、ロック好きなのか、ジャパニーズポップスが好きなのかによって違ってきますし、ロック好きでも、60年代、70年代、80年代、あるいは今現在流行っているロックが好き、UKロックが好き、アメリカンオルタナティブロックが好き、ハードロックが好き……と「ロック好き」でも様々なカテゴリーに分類されます。そのどこを狙うのか。ターゲットをぎゅっと絞り込むことで、その商品・サービスの特徴が際立ち、狙う顧客のハートをつかむことができるのです。

◎顧客は常に変化するものと考える

ところが、ターゲットの絞り込みができておらず、商品やサービスがどんなに魅力的でも顧客にそれが伝わっていない残念なケースがたくさんあります。特に、ターゲットがぼやけてしまっているなと感じるのは宿泊業界です。

旅館やホテルの多くは、日本がバブルに浮かれていた頃、団体客向けの大きな宴会場を設け、客室数も団体客を受け入れられるキャパシティを備えた規模の大きな施設が次々にできました。当時は、社員旅行や団体旅行が盛んで、そうした大箱スタイルの旅館やホテルが儲かりましたが、現在はまったく顧客のニーズが異なります。

気の置けない友人たち数人と、あるいは恋人同士、夫婦水入らずの旅が主流で、宿もプライベートにくつろげる空間を求めています。大勢で大騒ぎをするような時代ではないのです。多くの旅館やホテルは、こうした顧客の変化に対応しきれず、いまだにバブル期の営業スタイルから脱皮することができずにいるように見えます。

より少人数に、よりカスタマイズされたサービスを求める旅行客に対して、どんなサービスを提供すれば満足してもらえるのか。宿泊業界はもっともっとターゲットの絞り込みに集中し、

ニーズに合ったサービスを創造していく必要があるでしょう。

どんなビジネスでも、すべての消費者、すべてのクライアントのニーズに合致する商品やサービスなど皆無だということを大前提にすべきです。大手企業ですら、ターゲットを絞った戦略をとっているのに、中小企業や小規模事業者がすべての消費者をターゲットにして成功することは不可能だと考えてください。

◎捨てる発想、引き算のマーケティングで

ターゲットを絞るというのは、「捨てる」発想です。あれもこれもと欲張って、誰に向かっているのかが霞んでしまうよりも、このセグメントの消費者のニーズと自社製品・サービスとは若干ズレているから、思い切ってこの層は対象外としようという、いわば引き算のマーケティングといってもいいでしょう。

そうやって絞っていくとニッチになりすぎるのでは？　と心配されるかもしれませんが、小さな市場でも、大部分のニーズを吸引できれば大きな市場となるのです。

以前、トイレットペーパーにホラー短編小説を印刷した商品のプロモーションのお手伝いをしたことがあります。そんな斬新な商品は日本初の試みだったのですが、「日本初、ホラー小

説が読めるトイレットペーパー」などと打ち出したところで、ターゲットが明確でないため、一体誰が買うのか？　どこに並べればいいのか？　と迷ってしまいます。また、斬新さはいいのですが、目新しいものはすぐに飽きられてしまうというデメリットも否定できません。

そこで私は、この商品は「ホラーファン待望の究極に怖いトイレットペーパー」というコンセプトで売り出してはどうかと提案しました。ターゲットを「ホラーファン」に絞ったわけです。その結果、全国の主要書店での大型展開が決まり、発売数カ月で20万ロールを売り上げるヒット商品となったのです。

生活雑貨店やスーパーなどでも販売したのですが、最も売り上げたのは書店でした。その理由は、トイレットペーパーの形をした「ホラー小説」と消費者に認知され、ホラーファンに受けたからだと分析できます。

このように、ターゲットを絞り込んでいくことは決して市場を狭めるものではありません。むしろ、ニッチから大きな市場に拡大する可能性を秘めた戦略といえるのです。

5．他社と連携することで思わぬ化学反応が起きる可能性がある

◎「1＋1＝∞」の相乗効果を生む連携を考える

単独でビジネスを展開するよりも、同業他社やまったく別分野の企業や団体などと連携することによって、「1＋1＝3」、いや「1＋1＝∞」の可能性が広がることがあります。

一企業のみで成果の上がる戦略やプランを構築できない場合や、より大きな展開に発展させたい場合に、この「連携」という手法は非常に効果的です。

連携のポイントは、双方にとってメリットがあり、相乗効果を生むものであることです。コンサルタントとしては、連携するA社とB社、双方にｗｉｎ‐ｗｉｎの関係が成り立つかどうかを見極めることが大事です。

私は「ＳＯＨＯしずおか」のインキュベーションマネージャーだった頃、「栄養士」×「弁当屋」の連携による、日本初の「スポーツ栄養学から生まれたスポーツ弁当」をプロデュース

したことがあります。

静岡県立大学で栄養士の非常勤助手をする傍ら、Ｊリーガーやプロ野球の選手、競泳選手などのスポーツ選手と契約を結び、スポーツ栄養士として活躍していた古旗照美さんがスポーツ栄養学に基づいたレシピを開発。静岡市の弁当・総菜チェーン「天神屋」が弁当として製造・販売を行うというものです。

これは２００３年に開催された静岡国体の会場で販売され、国体に出場するアスリートたちに圧倒的支持を得たのみならず、来場者にも大人気で開催10日間で用意した３万個があっという間に完売。ほぼ毎日、お昼前には売り切れてしまう盛況ぶりでした。

このケースは連携の好事例で、栄養士だけでは商品開発はできたとしても何万個にも及ぶ弁当をつくって販売することはできませんでしたし、弁当・総菜業者だけでも「スポーツ栄養学に基づいた弁当」などという発想はおよそ思いつかなかったでしょう。まさに「連携」することで新しい価値が生まれたヒット商品です。

◎農家×クレープ店のコラボレーションで新しい価値を生む

もう１つ、連携の成功事例を紹介しましょう。

ｆ‐Ｂｉｚは２００８年８月に開所したのですが、年々、農林水産業者（おもに農業）の相談件数が増えており、初年度は１１５件（構成比７％）でしたが、３年目の昨年は２４４件（構成比13％）と大きく伸びています。

そんな中の１つに、富士山麓でイチゴを栽培する佐野茜さんと、ブルーベリーを栽培する豊田由美さんからの相談がありました。彼女たちは果樹農家の傍ら、自分たちが栽培している果物を使ったスイーツなどを提供する農家レストランをそれぞれに営んでいます。

農家レストラン、農家カフェは、地産地消やオーガニックブームの流れで、１つのトレンドの業態となっていますが、相談に訪れた二人はそれぞれに課題を抱えていました。「売上増を目指している」との相談でしたが、二人とも料理の専門的な知識や経験があるわけではなく、自分たちの提供している料理に迷いがあるように見えました。

一方、富士市を中心にクレープ店「オレンジポット」を展開する有限会社ひと津の鈴木康弘社長は何かあるとｆ‐Ｂｉｚに相談に来ていただいていたのですが、あるとき、「地元の農業を活性化する取組みを行いたい」と話されたので、「それは地元農家を応援したいという意味ですか?」と尋ねると、まさにそうだとのこと。そこでパッとひらめいたのが、農家レストランの二人と、クレープ店を結びつけることでした。

クレープ専門店にとってみれば、クレープをつくる技術というのは粉の配合から焼き方、具のレシピまで企業秘密であり、基本は同業他社に公開しないはずです。その自社開発したレシピを農家に伝授し、つくり方まで指導してもらうことで、「農家を支援したい」という鈴木社長の希望と、「プロの技を習得して新メニューを開発することで客層を広げ、店を活性化させたい」という農家の二人のニーズがマッチすると考えたのです。オレンジポットにとっても、地元農家と連携した商品が店に並ぶことで、価格以外の付加価値を持たせ、他社との差別化を図ることができ、ｗｉｎ‐ｗｉｎの成功事例となりました。

この連携に関しては、地域への波及効果も大きく、テレビや新聞など地元メディアは農家が生産物を加工販売することで活性化を目指す６次産業化推進の好事例として、こぞって紹介してくれた影響もあり、メニュー化を先行した佐野さんのお店は大繁盛。クレープ店も地産地消の新鮮な果物を使った新メニューの開発で、他社との差別化、新規顧客の開拓につながり、知名度が大きく上がったのです。

◎ドラッカーの主婦勉強会×売上げ不振のパン屋

先に紹介したベッカライ・ヤキチのケースですが、「職人がつくる職パン」とこだわりを明確に打ち出したものの、実は、それだけではまだインパクトに欠け、目に見える形での売上げ向上にはつながらないだろうと考えていました。新機軸として、新商品開発だろうということは漠然と頭にあったのですが、しばらく良いアイデアが浮かばずにいました。

そんなあるとき、ポッと私の意識に飛び込んできたのは、ドラッカーの「マネジメント」を学んでいる地元の主婦グループのことでした。指導している税理士がｆ‐Ｂｉｚと付き合いがあり知ったのですが、富士地域の20代後半～30代を中心とした母親グループ「母力向上委員会」が、『もしドラ』（『もし高校野球の女子マネージャーがドラッカーの「マネジメント」を読んだら』の愛称）の勉強会を開いていると聞き、熱心な女性グループがあるものだと思っていたのです。

マーケティングの勉強をしていれば、きっと実際に試してみたいと思うに違いない。そう考えた私は、「母力向上委員会」とベッカライ・ヤキチを連携させてはどうだろうかと思いつきました。つまり、経営学を学んでいる彼女たちにベッカライ・ヤキチのコンサルティングをさせようという目論見です。

このコラボレーションの狙いは、話題性をつくることはもちろん、経営学を学んでいるとはいえ、彼女たちは地元の母親であり消費者。利用者の視点から、消費者は何を求めているか、本当のお客はどこにいるのか、どうしたら売上げ増加につながるか……といったことを考えられるに違いないということでした。その生の声を反映させた店づくりの新提案ができれば、自分たちがかかわったパン屋に買いにくるだろうし、口コミで広がっていく可能性もあるだろうと予測を立てました。

情報発信したところ地元メディアが強い関心を持ち、「もし富士市のパン好き主婦がドラッカーのマネジメントを読んだら」プロジェクトと名づけて報道され、ベッカライ・ヤキチの知名度はぐんとアップ。「母力向上委員会」も生きた教材を通じてより深く学べ、彼女たちのグループにとってもメリットは大きかった。やはりｗｉｎ‐ｗｉｎの関係です。

◎「連携」することで3つの価値が生まれるかどうか

繰り返しになりますが、「連携」で大切なことは双方がｗｉｎ-ｗｉｎになることです。金融機関のビジネスマッチングでありがちなのは、ただ引き合わせればいいという安易な発想で結びつけ、相乗効果が生まれず失敗に終わるケースです。

ここに挙げた連携事例は、私の思いつきで成立したように思われるかもしれませんが、実際にコーディネートするまでは周到に戦略を考え、連携した同士双方にメリットを生み出せるか、どんな効果が予測されるかをしっかりと見極めたうえで話を進めています。

連携を決めるポイントは３つです。

①双方に何らかのメリットが生まれ、ｗｉｎ-ｗｉｎの関係をつくれること
②双方のニーズが明確で、相乗効果を生むこと
③双方に新しい価値が生まれること

この３つ揃うことが確実に見込める場合のみ、連携の話を提案しているのです。

経験が少なく、取引先数もそれほど多くない場合、Ａ社とどこをビジネスマッチングすれば双方にメリットがあるか、連携先を見つけることは容易なことではないでしょう。

私自身、コンサルティングを行うようになり数年のうちは、どうやって結びつけたらうまくいくなど簡単に浮かびませんでした。やはり、コンサルティングの場数を踏み、それなりに人脈がついてきて、ようやくピンとくるようになったのです。

とはいえ、漫然とした意識ではコンサルティングのセンスを磨くことはできません。また、どんなにたくさんの経営者や起業家などに出会っていたとしても、いざというときに使えなければ意味がありません。企業なり人の強みや特徴を記憶しておき、必要なときに、適切なカードを引き出し、このカードとあのカードを組み合わせれば、新しい価値が生み出せると判断できるかどうかが腕の見せどころです。

膨大な数の企業や人材の詳細を、すべて把握しておくことは不可能です。効率良く特徴を記憶し、必要なときに瞬時に頭の中から情報を引き出せるようにしておくために、私は2つのことを意識しています。

まず、企業や人を端的に表す特徴をキーワードに置き換えます。前述の経営学を学ぶ母親グループについて、私自身はお会いしたことはなかったのですが、「主婦」「ドラッカー」「経営学」というキーワードで頭にインプットされていました。また、スポーツ弁当の製造・販売を協力してくれた天神屋は、県内最大手の弁当・総菜チェーンだっただけでなく、その当時、経営陣が刷新し、古い体質を払拭して生まれ変わろうとしている様子が端から見てとれました。そのことから「県内最大手」「経営刷新」「新規事業模索」というキーワードに変換されていました。

このようにキーワードで記憶する効果は大きく、アイデアをひねっているときに、ポンとそのキーワードが浮かんでくるのです。私はあまりメモを取ることをしませんが、慣れない間、また記憶に定着する自信がないという場合は、思いついたキーワードを記録して、検索しやすいように整理しておくといいでしょう。

もう1つは、「ストーリーの先を読む」という手法です。これは連携したときにどんな化学反応が起きるのかを想像し、ストーリー展開を考えるのです。

前述の農家レストランのサポートをしたときに私がイメージしたのは、テレビ番組の「愛の貧乏脱出大作戦」（テレビ東京系列）です。経営難のお店がどこかに修業に出て、苦労しながらも貧乏を脱出していくストーリー。これがパッと浮かんだときに、クレープ店に修業に出ることを思いついたのです。こうやってストーリーの先を読み、どんな展開が考えられるかを予測すること。この2つの訓練を日頃から行うことで効率的に記憶し、引き出すことができるようになるでしょう。

6．初回の面談で　その企業がとるべき方向性を示す

◎仕事の「勝負どころ」は初回がすべて

相談者全員に「相談に来て良かった」と思ってもらう。

これは、ｆ－Ｂｉｚが開所以来大切にしている心がまえの1つです。

本業の忙しい合間を縫って、わざわざ遠方からｆ－Ｂｉｚに足を運ぶ人たちは、「今よりも良くなりたい」「打開策を見出したい」という切実な思いに突き動かされてやってきます。そういう人たちが初回の面談で「また行こう」と思えなければ、次の進展はありません。これは、相談する立場になってみれば当たり前のことで、一刻も早く解決の糸口を探りたいと考えている企業にとって、初回の面談で何らかの方向性や、第一段階としてのステップが踏み出せなかったら、「ここに来ても無駄だからもうやめよう」と訪問の動機を失ってしまいます。

人間関係は第一印象が大事だといいますが、コンサルティングの世界も、初回の面談がすべ

てを決めるといっても過言ではありません。

コンサルティングだけでなく、すべての仕事の「勝負どころ」は初回にあります。

「自分はまだ経験も浅いし、学んでいる最中だから、それなりに結果を出せばいい」

「自分でビジネスを興そうとしている起業家の卵たちだから、多少未熟でも大目に見てくれるだろう」

「数をこなすうちに、だんだんできるようになるさ」

そんなふうに考えているとしたら、大きな間違いです。

人の印象は、初めての機会がどうだったかでほとんど形成されます。

「何にも知らない担当者だな」

「本当にこの人に相談して大丈夫だろうか」

相手にそう思わせてしまったら、次はないと思ってください。初めての機会に与えてしまった不信感を覆すのは、至難の業なのです。

しかし逆に考えれば、最初に良い印象を残すことができれば、次の仕事の依頼はスムーズに入るでしょうし、相手が別の顧客を紹介してくれるかもしれません。また、さらに大きな仕事を任せられ、あなた自身を成長させることができるかもしれません。

初回の面談が勝負。よく頭に叩き込んでおいてください。

初回の面談で目指すべきゴールは「信頼」を勝ち取ることです。相手に、「この担当者とだったらチャレンジしたい」と思わせるようなインパクトを初回で与えられるかどうか。「こいつは信頼できる人間だ。この担当者に任せてみよう」と思ってもらえるかどうか。これは、面談を重ねるうちにそう思ってもらえることもないわけではありませんが、やはりファーストインプレッション。最初の対応で信頼を獲得できたほうがその後のサポートがスムーズにいきます。これは私の実感でもあります。

経験の浅い若い方にはハードルの高い要求かもしれませんが、相談者と向き合うときは常に真剣勝負であるべきなのです。たとえ最初から的確なアドバイスができなかったとしても、「自分は御社のことを真剣に考え、良い方策を導き出そうと努力している」ということが相手に伝わることが大切です。伝わらなかったら相手も本気になってくれませんし、本気にならなかったら現状を打破していこうという挑戦がうまくいくこともないでしょう。

◎年齢差を超えて信頼される人になるには

経営者や新規事業を興そうという人は年齢層が高いことが多く、入社数年の経験の少ない若手がそうした人たちと対等に話したり、信頼してもらえるようになるには努力が必要です。

人は、自分にメリットがあると思える相手とは、きちんと付き合おうとするものです。ですから、自分とコミュニケーションすることが相手にとって価値のあることだと思わせることがまず大事です。私が初回の面談が重要だと言っているのは、そうした理由もあるからです。

最初から具体的なアドバイスができなくてもいいのです。相手の知らないことで、なおかつビジネスのヒントにつながる情報を1つでも提供することができれば、相手の印象はグッと変わります。あなたの評価につながりますし、この担当者と付き合ってもいいなと思わせることができるでしょう。

提供する話題は、相手のビジネスに何らかの関連性があってプラスになる材料を探します。初回の面談で、パッとそういう話題を出せるように、ふだんから新聞や雑誌、テレビ、インターネットなどで情報収集しておくことが大切です。

◎情報収集を習慣にして、その日のために準備を

私自身、静銀時代、M&Aの担当をしていた当時は、新聞を毎日7紙、購読していました。日本経済新聞、日経産業新聞、日経MJ、日刊工業新聞、朝日新聞、中日新聞、静岡新聞のほか、業界紙からも情報収集を行っていました。今でも新聞の種類は少し変わりましたが、7紙

を毎日読む習慣は変わっていません。

そんなことを話すと、「読むのに時間がかかりませんか？」とか「一体何時間かけて読んでいるのですか？」などと驚かれますが、毎朝、新聞に目を通すのは正味1時間程度。全紙すみずみまで読んでいたら何時間あっても読み切れませんが、ざっと見出しを見て、「これは面白そうだな」というアンテナに引っかかるものや、ビジネスのヒント、種になりそうだという情報をピックアップして読んでいます。携わっている相談案件に役立ちそうなものや、今後使えそうな記事は切り抜き、スクラップしておきます。

新聞以外には、『日経トレンディ』（日経ＢＰ）『ＡＥＲＡ』（朝日新聞出版）はほぼ定期購読しています。時代の空気やトレンドなどを先読みするのに重宝している雑誌です。

私と同じことをする必要はありませんが、日頃から情報感度を鋭くしておくために、せめて新聞は毎日読む習慣をつけてほしいと思います。

仕事が重なっていて忙しく、ろくに新聞を読めなかったというときでも、コンサルティングの面談がある日の朝はせめて、日経新聞に目を通し、その相談企業に関連づけられそうな記事をピックアップして頭に入れておくようにしましょう。会話の中で、「今朝の日経新聞にこういう記事が出ておりまして、戦略としてこういうことを考えての決断だったのだと思います。御社が取り組んでいらっしゃる事業にも通ずるところがあると思い、記憶に残ったのです」など話すことができれば、相手は「この人は我々のことを考えてくれているのだな」「洞察力のある人だな」などと感じ、あなたのことを一目置いて見るに違いありません。

◎顧客が顧客を連れて来る状態に持っていく

初回の面談で、相手から信頼を獲得し、ビジネスの方向性を示すことまでできれば、新たな顧客を得られる可能性が広がります。相談に来てその効果を感じた経営者が、同様に経営課題を抱えている同業者や経営者仲間に、「あそこに行くと相談に乗ってもらえますよ」「役立つ情報を提供してくれる機関がありますよ」などと紹介してくれるからです。こうした口コミは、自分の経験に基づく信憑性が高いものと感じてもらえるでしょう。実際、ｆ‐Ｂｉｚに訪れる相談者の９割は口コミによっていらした方々です。

顧客の期待に応え、顧客を増やす。どんな商売にも共通する目標です。

私はよく「人は理由がなければ行動しない」と言いますが、わざわざ相談に行くという行動をとるのには、相談することにメリットがあるからこそ行動するのであって、それがなかったら赤の他人に自社の経営課題を相談などしないでしょう。

「ここに相談したら事業を軌道に乗せられるかもしれない」そう思わせるコンサルティングを

目指しましょう。

◎初回1時間の面談でどこまで話を進めればいいか

相談相手は、毎日忙しく飛び回っている経営者や起業家の人たちです。何時間もかけて面談をするのは現実的ではありません。初回の面談は特に、相手が自分のことを「相談に足る人物かどうか」を見定める時間でもあり、こちらとしては相談者の真のニーズを引き出すための時間ですから、具体的な戦略やプランは次回以降に練ることとし、長くても1時間程度で切り上げるようにしましょう。相手への時間的負担が少なくて済みます。

どこまで話を進めればいいかですが、基本的には、①相談企業の状況のヒアリングと把握、②セールスポイントやウィークポイントの見極め、明確化、そして、③今後の方向性の提示までできるとベストです。

最初のミーティングで、③の方向性まで示すことができればいいのですが、コンサルティングの経験が浅い場合、そこまで見えないこともあるでしょう。その場合、確信が持てないまま曖昧なことを提案するよりも、現状把握をしっかり行ったうえで、「相談者がどうしたいと思っているか」を明確に認識することに努めてください。

売上げを増やしたいのか、業務をスリム化したいのか、頭打ちの業績を脱するために新分野進出を考えているのか……相談者の要望は初回の段階で特定させておきたいところです。

そのうえで、面談の締めくくりに、ここが悩みどころ、ここをどうにかしたい、という相談者の話を受けて、「御社はこういう点で課題を抱えていらっしゃっていて、だから売上げを増やすことで解決したいと思われているのですよね？」というように、相手の話を繰り返しながら、確認するといいでしょう。あれもこれも、あっちもこっちもと話が複雑に込み入っていたとしても、「課題は売上げですね」とシンプル化してしまうわけです。

そこまでできれば、どうすべきかの選択肢が考えやすくなります。売上げが課題であれば、前述したように、販路開拓か、新商品開発か、新分野進出かの3つしかありません。このことを相手に示し、「この3つのうちどの方法が今の御社にふさわしいか、社長も考えていただけませんか？　私も次回までに検討してきますので」とまとめます。

今後の方向性を考えるポイントとしては、今ある経営資源をいかにうまく使うかということに的を絞って考えるといいでしょう。リスクやコストはできるだけ低くすべきです。万一失敗したときのダメージが少ないからだけでなく、企業が保有する経営資源をうまく活かしきれていないケースが多いからです。

強みを活かした新商品や新サービスの開発、新分野進出、ソーシャルメディアなどの新しい情報メディアツールを使ってのＰＲ力強化など、まだまだやれること、やってないことはないか、洗い出してみることです。

例えば、「良い商品なのに売れない」という場合、ターゲットを見誤っていたり、消費者に知ってもらうための情報発信ができていなかったりということはありがちです。

ビジネスを活性化させるカンフル剤は、何も目新しいことや奇をてらったものではなく、むしろ基本的なことが多く、見落としていて実行できていなかったことや、やってはいるものの

やり方がまずかったことなどを見直して再チャレンジしてもらうことを考えます。

◎アドバイスだけでなく実際にサポートする

企業支援で大切なことは、今後の方向性を示して終わりではなく、それを企業が具体的に取り組むときに、成果が上げられるよう導くところまでサポートすることです。

例えば、新商品の開発という方向性を見出したとします。さらに、他社との連携が効率的だと判断したら、どこと組めばいいか連携先の候補をいくつか提示してあげる。相手の同意を得られたら、さっそく面談の場で、連携候補に電話をかけ、実際に紹介する日程までコーディネートします。その場で決められることは決断し、前進することが大事で、目の前で即対応することによって、相談企業に「そこまでしてもらえるとは……」と驚かれ、感動すら与えることができます。

また、新商品・新サービスで挑戦することが決まったら、より伝わりやすいネーミングや販促ツールの作成などのサポートを行います。

ただ、金融機関などの企業支援は、ある意味サービスで行うわけで、ここまで踏み込んでサポートする必要はないのでは？　と思われるかもしれませんが、こうした具体的なサポートのおかげで、金融機関の利益に結びつくのです。

たとえビジネスコンサルティングによって成果が上がったとしても、金融機関に相談したおかげで成功したと評価してもらえなければ、金融機関がコンサルティングを行う効果は高くありません。相手が「この金融機関のおかげで、自分たちはうまくいった」と認識すれば、融資や預金などで金融機関に返そうとするでしょうし、その企業の売上げが伸びれば、資金を預けている金融機関も潤います。

こうした好循環をつくるためには、提案しただけでは弱く、相談企業とともに伴走し、一緒に成果を出すような支援することが必要なのです。

◎決断は相手にさせる

コンサルティングの肝は、相談企業の事業をうまく軌道に乗せるお手伝いをすることであって、選択肢を示し、アドバイスはしても、それをやるかやらないかを決めるのは当事者である企業です。コンサルタントが決めてはいけません。どんなに「絶対に成功する」と自信のある提案であったとしても、最終的な決断は相談企業自身に任せなければいけません。

連携相手を決めるのも、相談企業自身です。我々は、必ず複数の連携先を提示し、企業にどこがいいか選んでもらうようにしています。

要は、リスクを負わないための対策です。企業は自分で選択し、自ら行動したことに対してはクレームをつけることはまずあり得ません。金融機関が企業支援に積極的になれない要因の1つは、失敗したときのクレームを恐れてのことと聞きますが、それは述べたようなリスクへッジを怠ったためであり、相手に決めてもらうということを徹底していればトラブルはあまり起きません。

「やるか、やらないか」の決断、そして実行は、当該企業自身にさせること。これはコンサルティングの鉄則と心得ておきましょう。

7. コンサルティングで相手に強いインパクトを与える

◎圧倒的信頼を得るためのインパクト

インパクトとは物理的、心理的な衝撃、印象、影響のことをいいますが、我々がコンサルティングで考えるインパクトとは、相手から圧倒的な信頼を得るためのものです。

面談の間に、相手の想定以上の戦略を構築したり、「その手があったか！」と思わず膝を打ちたくなるアイデアを提示したり、「そこまでしてくれるなんて……」と感動を与えるサポートを行ったり、期待を大きく上回る成果を上げたり……。相手に驚きと感動と喜び、満足をもたらすこと。これが我々が考えるコンサルティングに必要な「インパクト」です。

相談者が想定していること、知っている知識の範囲内でいろいろと話をしても、相手に驚きや感動は与えられません。どんなに熱意を込めて伝えたところで、自分の知っている内容で、こんなものかなという域を抜け出さなかったら、話を聞く側もだんだん退屈になってくるでしょう。「ここに相談に来て良かった」と満足してもらうことも望めません。

人との会話で、相手の話に興味を持てなかったり、面白くなかったりした場合、早々に退屈に感じ、関心が薄れてしまいませんか？　仕事の話とはいえ、人の興味の賞味期限は長くみても30分だと考えています。

私は、初回の面談の30分以内に、相手に強いインパクトを与える話題を1つ以上必ず提示するようにしています。「こいつは分かっているな」と感心させることがポイント。相手からどんな話が飛び出すか分からない、ライブなコミュニケーションの中で、いかに機転を利かせ、自分の頭にインプットされている情報やひらめきで、ズバリ的を射るような指摘ができるかどうか。その指摘が的確であればあるほど、「この人は信頼できる」と心を開いてくれるのです。

◎相手がどんなエキスパートであれインパクトを与える

例えば、相談企業の経営者が今まで目を向けていなかった自社の強みやセールスポイント、反対に課題やウィークポイントの気づきを促すことができれば、相手はこれまで見えなかった世界が開け、「灯台もと暗し」だったことへの驚きや、自社の秘めたるパワーを見出せたことへの喜びを感じることができるでしょう。

特に、中小企業や個人事業主の支援には、単なるお悩み相談として相手の話に耳を傾けるだけでなく、具体的なプラン、戦略を提示し、綿密にサポートを行っていかなければ成果を上げることはできません。

その際に、相手が自分のことを「信頼できるビジネスパートナー」と思っていなかったら、どんなサポートもうまく機能しません。企業にとって、経営の課題や問題を解決するということは大きなエネルギーを要すること。お互いに信頼し合い、全力でチャレンジしていかなければ難題を乗り越えることは難しいでしょう。

つまり、成果の出やすいコンサルティングを実践するには、最初の面談でインパクトを与え、信頼を勝ち取ることが特に重要なのです。

実際に、どのような場合に相談者は強いインパクトを受けるのでしょうか。我々の経験から、次のような場面で相手の表情がパッと変わり、そこから話が一気に加速するという印象があります。

・自分たちが気づいていないセールスポイントを発見したとき
・自社の弱みだと思っていたことが、実は強みだと分かったとき
・自社では当たり前だと思っていることが、大きなビジネスチャンスにつながると気づいたと

き

・まったく知らない市場動向、ヒット商品の情報を得たとき

・自社の真の課題やニーズに気づかされたとき

並べてみると、共通するのは核心をズバリ突くことができるかどうか、といえそうです。企業支援を行うコンサルタントのところに持ち込まれる相談案件は、業種も規模も多岐にわたります。

f-Bizの例でいうと、製造、IT、流通、観光、農業、飲食、医療、福祉、育児、教育、アパレル、デザインなど、既存企業の現状の課題解決から、新しいビジネスプランの立ち上げ、起業に関する相談、地域活性化など、ありとあらゆるテーマに対応しています。

相談に訪れる人たちはそれぞれの世界の専門家であり、我々が持つ知識など彼らの足元にも及びません。しかし、それでもビジネス環境や社会の動向などを広く捉え、洞察するセンスがあれば、当事者ゆえに気づけなかった彼らのセールスポイントや課題を見出すことはできます。

どんな相手であっても、的を射た指摘をできるかどうか。相手に新鮮な驚き、インパクトを与えられるかどうかで、その後の信頼度が大きく変わってくるのです。

◎相手が「当たり前すぎて気づかなかった」売りを発見

それでは、私が普段どのようにコンサルティングを行い、相談相手にインパクトを与えて信頼関係を築いているか、具体的な事例を紹介します。

木工品・木工家具の製造・販売を行う有限会社豊岡クラフトのケースです。販路として、ＯＥＭによる製造販売、百貨店と通販による自社ブランドの製造販売の３つの柱を持っており、様々なアイデアで工夫を凝らした商品をつくっていましたが、ＯＥＭ先の業績が低迷し、売上げが伸び悩んでいました。

山崎肇社長（現会長）の話を伺っていて私が注目したのは、ＯＥＭ先が高級文具を扱う大手書店の丸善で、かれこれ20年以上も取引しているという点です。

「丸善という超一流店で、20年以上にわたって超一流商品を売り続けていることが御社の最大のセールスポイントですよ」

そう指摘すると、山崎社長は驚いて「もう何十年と当たり前のこととしてやってきたから気づかなかった」とハッとした表情でした。

ただ、それがうまく売上げに結びついていないのは、つくっている製品は一流品なのに、大衆向けのカタログ通販に出品しているため、製品の本来の価値と目指すマーケットにズレが生じているからです。このミスマッチを払拭するために、ブランディングを見直す必要があると考えました。

豊岡クラフトの製品のターゲットの中心を、値段が多少高くても質の良い商品を手にしたい人たちと考え、積極的に購買できる富裕層であると設定し直し、PRする場所も、大衆向けの通販ではなく、国内航空最大手2社に営業をかけることを提案しました。

両社の機内には、海外ブランド品をはじめ、厳選された高級品を掲載したカタログが各座席に配置されています。これらのカタログに掲載されることで、高級品としてのブランド力が構築できると考えたのです。

両社にプレゼンを行ったところ、すぐに採用が決まり、そのうち一社は機内誌20周年の記念事業の1つとして記念グッズの依頼までありました。

こうして、本物志向の顧客層に訴求することが可能となり、既存商品の注文はもちろん、万年筆が200本収納できるケースなど特注品の注文が際立って増えたそうです。

このように、相談者が気づかなかったセールスポイントを発見し、それを活かしながら課題を解決する施策をすぐさま提示することは、相談者に強いインパクトを与えることができるのです。

経営者の中には、自社でしか行っていないことだと分かっていても、それが売りになる、強みだと自覚できているケースは少ないものです。その意識を転換させること、相手が自分たちの強みを自覚することができれば、沈んでいた表情が明るくなり、もう一度チャレンジしようというやる気に火をつけることができます。

自分と相手の距離がぐっと縮まり、前向きにこちらの話を聞いてくれるようになります。そうなればこっちのもの。お互いに同じゴールに向かってどうしたらうまくいくか、同じステージで対話ができるようになるのです。

8. 成果のイメージを示し「話す価値がある」と思わせる

◎ビジネス・コミュニケーションの基本は「価値の提示」

初回の面談で相手の信頼を得たりインパクトを与えたりするのは、コミュニケーション力が高くなければできないことです。「人は理由がなければ行動しない」と言いましたが、コミュニケーションにおいてもそうです。特にビジネスの場では、話すことで何らかのメリットがあると思わなければ、自分のことを話したりはしません。

相手にどのような価値を提示できるかが、ビジネス・コミュニケーションの基本といっても過言ではありません。

営業マンによく見られるのは、自分が売り込みたい内容ばかりを一方的に話し、相手が何を求めているか、何に困っていて、どうしたいと思っているか、どんな目標を持ち、どんな会社にしていきたいと展望しているか……そうしたコンサルティングの核となる要素にまったく関心を持たず、聞き出そうともせずに失敗に終わるケースです。相手にとって何のメリットもないセールストークを聞かされては、顧客が背を向けるのも当然です。

価値があると思わせるのは、何も金銭的なことばかりではありません。前述したような、自分が気づかなかった自社の強みや課題を指摘してくれたり、有益なビジネス情報を提供してくれたり、気づきや刺激につながる話を得られるかどうか。ビジネスのうえで「こいつと話していると面白い」「こいつと話していると何か得られるものがあるに違いない」と思ってもらえるかどうか。相手の心を動かせるかどうか。さらに言えば、こちらがやろうとしていることが明快に伝わり、成果のイメージを相手に示せるかどうか。こうした条件が揃うと、相手は「話す価値がある」と思い、同じテーブルについてくれるようになるのです。

◎「気づき」が「価値」につながる

私は話し下手だから、相手に「話す価値がある」と思ってもらえるかどうか自信がないという人もいるでしょう。

ｆ‐Ｂｉｚのスタッフは、話術に長けた人ばかりではありません。コピーライトやデザインなどクリエイティブな仕事に携わってきたスタッフなどは、失礼ながら、よどみなく整然と話しているわけではありません。それでも相談に訪れた人たちは、彼らの話に引きつけられています。なぜかというと、彼らと話すことで「気づき」を得られるからでしょう。

コミュニケーション力というのは、表面的にそつなくスムーズに対応できることよりも、どんな内容の話を交わせているかによって能力が測られるのです。

◎会話のイニシアチブを握って心をつかむ

面談においては、相手の真のニーズをつかむことが目的ですから、相手に何でも話してもらうことが必要です。それと「会話のイニシアチブ（主導権）を握れ」というのは矛盾していると思われるかもしれませんが、私が言う主導権とは、自分がたくさん話せという意味ではありません。

むしろ、こちらは相づちを打っているだけでも、相手の話をうまく引き出すことができていれば、主導権は自分にあるのです。コンサルティングの現場ではむしろ、会話をリードしながら相手に重要なことを話してもらえている状況を、「会話のイニシアチブを握っている」といえるでしょう。

主導権を握りながら、私が頭の中で常に意識していること。それは相手のやる気を盛り上げることです。面談は時に、カウンセリングのようなやり取りが行われることもあります。すっかり自信喪失してしまった経営者が「手を尽くしたけれど、もうどうにもならない」と吐露したようなとき、「それでも御社はこれまで続いてきたじゃないですか。御社の製品を利用しているお客様だっている。今は見失っているかもしれませんが、お客様がついているからには何らかの魅力、価値があるからですよ。もう一度一緒に見直してみましょうよ」と励ますように力強くメッセージを送ることも少なくありません。

あるいは、相手が「新しくこういうことを始めようと思う」と話したとき、絶対に否定しないことです。どんなに無謀だと感じることでも、「それは無理だと思いますよ」などと言ってしまっては、せっかく相手がやる気を持ってチャレンジしようとしている意欲を削いでしまいます。

失敗の可能性が高いと判断したときは、他社の事例やマーケット情報など様々な材料を提示したうえで、もう一度相手に考え直してもらえるように導いていきます。これも主導権を持ちながら、話を進めていくテクニックの１つです。

9. 企業の「真のニーズ」をしっかり捉えよう

◎相手の言葉を短絡的に捉えては見誤る

企業支援をしていると、様々な相談が持ち込まれます。

「新商品を発売したのですが、思うように売上げが上がらなくて」

「新しい販路を広げたいから販売先を紹介してもらえませんか？」

「新商品開発を進めているが、市場で受けるかどうか……」

「旧態依然とした体質から脱却したい……」

こうした一つひとつの課題に対して、企業が望む方向性に導くことがビジネスコンサルタントの仕事なわけですが、注意したいのは、こうした相談者の言葉をそのまま受けとめてしまっても大きな成果は望ないということです。

例えば、「販路拡大のために、どこか紹介してもらえないだろうか」と相談があり、それに対して対象企業を選定し、ビジネスマッチングを行ったとします。これがうまくいったとしても、この一社分の取引が増えるだけで、しかも将来的には最初の1回だけの取引で終わってしまい継続しない可能性もあります。

何度も申し上げているように、支援のスタートは「当該企業のセールスポイントの見極め」から始まります。これが十分にされないままでは、経営者に言われたままのうわべだけの支援になりかねません。我々が目指すのは、短期的な成果を上げることではなく、企業の根本的な

課題を解決し、できるかぎり良い業績を維持できる経営体質に改善することです。

そのためには、「経営者は意外と自社のセールスポイントや課題に気づいていない」ことを前提に、しっかりと相談内容を聞き取ることはもちろん、事業内容など企業状況を詳しく聞き出すことが求められます。

相談相手に言われたままのことしかしないことを、私は「デジタル思考」と言い、スタッフにはそうならないよう戒めています。

「販路開拓したい」という相談の背景には、「思うように売れない」ケースが多くあります。この場合、販売先を紹介することよりも、売れない状況をつくっている原因を探り、そこを改善することを考えない限り、本質的な問題解決にはつながりません。

また、「起業したい」という相談者に対して、私はまず「なぜ起業したいのですか?」と聞くようにしています。よく話を聞いてみると、会社をつくって自分で事業にチャレンジすることが目的ではなく、今の職場環境に不満があって会社を辞めたいから起業する、という安易な考えの人も中にはいるからです。この場合、真のニーズは「起業したい」ではなく「会社を辞めたい」であって、そんな動機で起業しても大抵うまくいきません。職場環境の改善を図るほうがすんなり解決することもあるのです。

◎真のニーズの発掘は「なぜ?」と問うことから

相手の話をそのまま受け取るだけで、深く検証せずに表面的に捉えてしまうと、真のニーズを見逃してしまいます。どんなことでも、「本当にそうか?」「それはなぜか?」と繰り返し自問し、相手にも確認しながら、心底自分が納得するまで流さないことです。

「イタリア料理店を出したが、全然客が来てくれないので、もっと気軽な焼鳥屋にでも業態を変えたい」と言われたとします。ちょっと待てよ、客が来ないのはなぜだろう? イタリア料理のせいではなく、認知されていないからでは? ならば業態を変える必要はなく、店の存在と売りをターゲット層にアピールする戦略を立てたほうがいい——。こんなふうに「なぜ?」「なぜ?」を繰り返し、相談者とディスカッションを重ねていくうちに、相手も「そうか!」と気づくような課題の発見につながり、そして真のニーズにたどり着けるのです。

10．真のセールスポイントはどうやって見つけるのか

◎顧客は誰か、最も売れている商品は何かを考える

セールスポイントを発見することがいかに重要か、十分ご理解いただけたと思います。では、初回の1時間程度の面談でどうやってそれを見つけていくか。具体的な方法論について説明しましょう。

相談企業自身が気づいていないセールスポイントは、いわば埋もれた原石のようなものです。これまで誰もその存在に気づかなかった「光る部分」を、たったの1時間で見つけるなんて至難の業だと感じるかもしれません。

しかし、物事はシンプルに考えてみましょう。どんな業種であれ、

①主たる顧客は誰なのか
②一番売れている商品は何か

す。

――この2つを突き詰めて考えていけば、その企業の真のセールスポイントが見つかるはずで

なぜ、その顧客層に評価されているのか。なぜ、その商品が一番売れているのか。その商品なり企業は、マーケットの中でどんなポジションにあるのか。こうしたことを絞り込んでいくうちに、セールスポイントがあぶり出されてくるのです。

例えば、伊豆の伊東市にペットと入れるカフェがあります。売上げが悪いわけではありませんが、週末に客が集中してしまい平日は閑散としているのが悩みで、何とか平日にも集客できるようにしたいということで、オーナーがｆ‐Ｂｉｚに相談にみえました。

先の①主たる顧客は誰なのか、②一番売れている商品は何か、この2つを当てはめてヒアリングを行うと、ペットカフェではあるものの、お客の半数は伊豆高原の高級住宅街に住む地元の富裕層で、ペット連れではないとのことでした。さらに人気商品を尋ねると、ランチメニューなどがよく出るとのこと。つまり、同店はペット連れのお客をメインターゲットにしていましたが、むしろ地域密着型の、周辺地域に住んでいたり別荘を持っている富裕層が、ランチやお茶に利用している率のほうが高いことが分かりました。

ペットカフェというと、普通はセールスポイントは「ペットと一緒に入れること」と思いがちですが、このカフェの場合は、高級別荘地であり高級住宅街の伊豆高原に立地しているとい

う好条件に恵まれ、地元の富裕層の顧客を呼び込むことができることが、真のセールスポイントだったのです。

この強みを活かさない手はありません。どんな宣伝の仕方をしているか聞いてみると、近隣にチラシを配って、全国をカバーするメジャーなブログサイトでブログを書いているとのことでしたが、私はそれでは弱いと感じました。

富裕層は伊豆高原地区だけでなく、少しエリアを広げれば、熱海市や函南町、清水町にも都市部から移住してきた人や別荘を持つ所得水準の高い層がいます。彼らにもカフェの存在を知ってもらったら、ドライブや買い物などの合間に利用してもらう可能性が広がります。

ブログで情報発信を行っているのはいいことですが、伊豆や静岡の地域限定の情報を発信しているポータルサイトを活用するほうが、訴求効果が大きいと考えました。そうアドバイスすると、伊豆・箱根・富士エリアの地域ブログポータルサイト「イーラ・パーク」にブログを移し、アクセスも上々とのことでした。

このように、主たる顧客は誰か、一番売れている商品は何か。初回の面談でこの2つを中心にヒアリングしながら、セールスポイントを見つけ出しましょう。

間違っても、いきなり相手に「御社のセールスポイントは何ですか?」と聞いてはいけません。それが分かれば企業も苦労していないわけで、若手の担当者からそんな不躾なことを言われたら、相手を不愉快にさせるだけです。これは初めて会った異性に、「あなたのチャームポイントは何ですか？」と聞くようなものです。セールスポイントは、ディスカッションの中から導き出すものであり、ダイレクトに聞かないこと。大事な心がけですから、肝に銘じておいてください。

◎製造過程や技術力、開発の経緯などもヒアリング

「一番売れている商品はこれです」と見せられた商品だけを見ていても、真のニーズもセールスポイントも分からないことがあります。そんなときは、商品そのものよりも、製造過程やそれを生みだす技術力、それによって顧客にどんなメリットがあるかを探っているうちに発見できることがあります。

単に商品の内容や機能を聞くだけでなく、その周辺の製造過程や技術力など、あるいは経営者の熱い思いや開発苦労話、または、今まで受けた注文やちょっと変わった依頼（その企業でしか頼めない注文であったり、まだ誰も注目していなかったビジネスチャンスである可能性もあるため）等のエピソードもヒアリングしてみましょう。

そうすることで、セールスポイントや課題が見えてきます。同時に、伸び悩みの原因は何か、

当該企業がターゲットとして捉えている層と本来ターゲットとすべき層とにズレがないかなど、具体的な課題と問題解決の道筋が分かります。

そのほか、例えば普段何気なく日常業務の中で行っていることや、お客様に頼まれてサービスの一環として対応してきたことが、実は他社にはないセールスポイントのこともあります。これらは経営者にとって当たり前のことであり、セールスポイントであると気づいていないからです。

そんなときは、「その技術（サービスなど）は独自のものですか？」「他社で同じようなことをしているところはありますか？」などと質問してみます。

「いや、たぶんうちだけだと思うよ」

「そういえば、ほかじゃできないことだな」

そんな返事が返ってきたら、すかさず、「社長、それこそオンリーワンじゃないですか。御社の強み、セールスポイントはこれですよ！」などと伝え、気づきを促すのです。

ちなみに、経営者は思ってもみなかった自社のセールスポイントを見出してもらうと、非常にモチベーションが高まり、見違えるように前向きになっていきます。大きく可能性が広がったように感じられるのでしょう。晴れ晴れとした表情で、「これでまた頑張ります」と起死回生を誓って帰られる方をたくさん見てきました。

◎セールスポイントを見出すヒント集

そのほか、セールスポイントを発見するうえで心がけておきたいことを述べておきます。いずれも私自身、そしてｆ‐Ｂｉｚのスタッフたちにも意識づけていることです。

◆常識や思い込みを捨てる

「一般的には〜だ」「従来だったら〜だ」といった常識や思い込みで考えたり判断したりすることは危険です。自分とはまったく異なる考えや嗜好を持つお客様はもちろんいますし、想定できないターゲットがいるかもしれません。常識や思い込みは一切捨てて、個別の企業の状況をヒアリングしながら、裏づけをとったうえで、どうするべきかを考えましょう。

◆疑問の発見がセールスポイントの発見につながる

「なぜ？」と常に問う姿勢は、コンサルタントとして非常に大事です。

相談者が話すことや商品・サービスに関して、常に「なぜそうなのか」という疑問を持つようにしてください。例えば、「こんな仕事の依頼があった」といった話を聞いたら、「なぜ、この会社にそうした依頼があったのだろう」「その顧客は何でこの会社に依頼したのだろう」といった疑問を持ち、理由を突き止めるべく相手に質問をします。

そこで、「この仕事はこういった経緯や理由で依頼されたんですよ」という話が聞ければ、そこにセールスポイントがある場合があります。

◆答えは相手の中にある

相談者本人は実状をしっかりと話しているつもりでも、説明が不足していたり、または本当の気持ちを明かしていなかったりもします。

コンサルティングを行うときは、常に「これはこういうことではないだろうか?」と仮説を立て、それを相手にぶつけて反応を見ることを繰り返していくと、より本質や核心に近づくことができます。

相手にとって的を射たことを指摘できれば、例えば経営者が本当にやりたいことを言い当てた場合、「そう、それなんだよ! 実は……」と、良い反応を得て、本心を話してくれるようになります。

答えは相手の中にあると考え、仮説を立てながら、セールスポイントを引き出しましょう。

11．セールスポイントは相手に気づかせて初めて機能する

◎自分が発見しただけで相手が納得していなければ無意味

面談の中で「これだ！」というセールスポイントを発見することができても、当事者である相談者が、「確かに自社の売りや強みはそこにあった！」と納得しなければ、具体的な戦略を練っていくうえで、うまくいきません。

相手に「気づき」をもたらすには、話し合っているときに相手の反応をつぶさに観察することです。自分の話のどのポイントで関心を示すのか、核心をついた話ができているか、相手のニーズに合ったことを話せているか……。こうしたことは、相手の表情や反応を見ていれば読み取ることができます。話が弾んでいて、もっと話を聞きたいと思っていれば、相手は顔を上げて話を聞いてくれるでしょうし、相づちを適度に打ってくれたり、「なるほど」「そうですね」「じゃあ、こうするのはどうでしょう？」などと、会話に積極的に参加しようとします。

こうした反応に注視しながら、会話を進めることが大切です。

セールスポイントの話題になったとき、「御社のここが強みではありませんか？」と指摘したとき、相手が「そうだ！」と気づき、納得したときには、必ず相談者の目が輝きます。この変化を見逃さないことです。自分の強みを発見した瞬間です。

そして、「じゃあ、この強みを活かしてどんな戦略が考えられるか、一緒に知恵を出していきましょう」と確認し、次の展開に話を進めていけばいいのです。

ここでのポイントは、セールスポイントはこちらが発見したのではなく、相談者自身が自発的に気づいたという形に持っていくことです。

まどろっこしいと思うかもしれませんが、相手が腹の底からそのセールスポイントのことを認識し、理由を納得してもらわないと、曖昧なイメージで物事が進んでいくことになりかねません。しかも、自分自身で認識・納得するという段階を踏まえることで、より前向きで建設的な行動ができるようになるからです。

◎小規模製造業者ゆえの強みを発掘

相手への「気づき」を促す――。少し高度なテクニックかもしれませんが、イメージしやすいように、１つ事例を紹介しておきましょう。

静岡県富士市の段ボールメーカー、株式会社大富は、長引く不況による百貨店の低迷で、主要事業の業務用段ボールの大量注文が激減、何か打開策がないかとｆ‐Ｂｉｚに相談に訪れました。

業界における一般的な加工は、大手が高額な自動化機械を導入して高速大量生産しているため、厳しい価格競争にさらされています。増根好夫社長は「うちは設備が古いうえ、従業員も少人数で、到底、大手に対抗する術などありません」と、非常にネガティブなトーンで話されます。

しかし、私は社長の話からすでに「光る部分」を見出していました。それは、設備が古いゆえに従業員がダンボール製作を手作業で進めている部分があり、小ロットで多品種製造できるということ。様々なタイプのダンボール製品を小ロットで受注できるということは、好調なネット通販の市場で必ず重宝されると考えたのです。

ネット通販の販売業者の多くは、小規模事業者や個人で、扱う商品は多種にわたっていますが、そのほとんどはダンボールのサイズが大きすぎ、緩衝剤をたくさん詰めて、割高な発送費をかけているのが現状です。つまり、小ロットで自社商品に合うサイズの包装用ダンボールの需要は高いはず。大富の製造体制は、それに応えることができると確信したのです。

現在の流通状況の説明から、ネット通販が好調であること、その多くは小規模事業者や個人で、既成品以外のダンボールを小ロットで欲しいというニーズがあることなどを、実際の数字を示しながら説明しました。そして、少量多品種のダンボール製作は同社の体制だからこそできることだと述べ、社長に自社の強みを気づかせていきました。

「大手にはできない、小ロット多品種の製造は御社の強みですよ」と言った私の言葉に、増根社長は大変勇気づけられた様子でした。

これまで、どうやって打開策を見出せばいいか分からなかったものが、自ら自社のセールスポイントに気づき、ネガティブな思いが前向きに変わったようです。

その後、大富は少量多品種のダンボール製造に力を入れ、ネット通販業者や個人事業主向けにPR。売上げ不振から脱却しつつあります。

12. 企業を見るときは消費者目線で捉える

◎「自分が消費者ならどう思うか?」の発想を忘れない

消費者目線というのは、「自分なら買うかどうか」という発想で商品やサービスを見ることです。これは、企業支援を行ううえで非常に重要な視点と考えています。

どんな業種の企業も、作り手目線、売り手目線、サービス提供者目線で考えることはできても、消費者の立場になったときにどうか？　という視点が欠けてしまいがちです。これは１つの盲点で、提供する側からの視点は、顧客のことを考えているようで真の顧客ニーズとズレてしまうことが往々にしてあるからです。

そこで必要なのが、「自分が消費者だとしたらどう思うだろう?」という発想。

実際の面談で相手の説明をじっくりと聞く前に、持参された商品やパンフレットなどをパッと見たときの第一印象や、新サービスの構想を聞いたときに感じたことを踏まえて、次のことを考えます。

①自分だったらその商品を買いたいか（そのサービスを受けたいか）
②もし自分が買わない商品（受けないサービス）だったら、どんな人がその商品を買いたいと思うのか（そのサービスを受けたいと思うのか）

相手の話を理解することばかりに注力してしまうと、知らず知らずのうちに消費者の目線を忘れてしまいます。話を聞いているうちに、相談者に同調して同じ目線に立ってしまい、消費者目線から離れてしまいます。要は、その商品の作り手やサービスを提供する側の発想になってしまうのです。

商品やサービスの分野に詳しい知識を持ち合わせていなくても、素人目線、一般の消費者目線だからこそ見えてくることがあります。良い技術、良い商品だからと相談者が絶対の自信を持っているのに、なぜか営業がうまくいかない、販路が広がらないといった場合は、伸び悩む理由が必ずどこかにあるはずです。

なぜ売れないのか、なぜ広がらないのか。その理由を素人目線、消費者目線で掘り下げていきます。相手はその道のプロで、当該分野のことを深く知っていたとしても、売り手側の理屈ばかりを優先してしまい、消費者が求めるニーズとズレたものを提供していることがあるのです。

極端に言えば、その業界の専門知識や特殊な技術を理解する必要はまったくありません。面談では、相手の話を聞きながらも消費者の目線で、「自分ならば買うか」「なぜ買おうと思ったのか」から、「どんな場所ならば売れるのか」「どんなターゲットならば売れるのか」「その値段で買おうと思うのか」といったことを考えます。

消費者心理に関するマーケティング論はいろいろありますが、そうした専門書を勉強するよりも、自分自身が消費者の一人として考えてみることのほうが、的を射た指摘やアイデアが生まれるのではないかと考えています。

◎スケールの大きな案件にも消費者目線は有効

新規事業に参入し、資金的に大きなコストとリスクを抱えることになる案件に対して、消費者目線を活かして、コンサルティング成果を生んだケースをご紹介します。

富士宮市の富士山麓で有機農業を行いながら、「レストランビオス」と総菜店「ビオデリ」を経営するビオファームまつきの松木一浩さんから、壮大なプランを聞かされたのは2008年のことです。当時は、レストランビオスはまだなく、3ヘクタールの土地で農業を行いながら、収穫した野菜の販売と、総菜店「ビオデリ」を営んでいました。

私が「ビオデリ」に食事をしに行ったときのこと。松木さんに約千坪の広大な土地を見せられ、「ここに本格的な地産地消のフレンチレストランを併設して、観光型の農業テーマパークのようなものをつくりたいんです」と打ち明けられました。すでに松木さんは立派な事業計画書を作成しており、それを私に見せてくれました。

非常によく練られた事業計画で、実現すれば大きな経済効果をもたらすことは明確でした。しかし､プランが壮大な分､当然巨額の資金が必要になる。この事業における最大の問題点は、明らかに資金調達にありました。

いや、ちょっと待てよ。松木さんの農場で収穫された安全で美味しい新鮮な有機野菜と、近隣で生産されている肉類や魚類を使った地産地消のレストラン。そして、富士山麓の清涼な空気と、美しい緑の中で食べる贅沢……、「ここに松木さんのレストランがあったら自分は食べに来るな」と確信したのです。

消費者としての自分が、松木さんのレストランに行きたいと思った。そういう店が欲しいと感じた。多くの人が私と同じように思うだろうし、山間部とはいえ魅力的なレストランがあれば、わざわざでも足を運ぶに違いない。率直にそう思ったことを松木さんに伝え、7000万円の資金調達をどうするかという具体的な検討に入ったのです。

こうした考えをもとに私の古巣である静岡銀行に相談したところ、私も驚くほどのスピードで7000万円の融資が決まりました。

手堅く堅実に堅実を重ねたような静銀が融資を決めたのは、これまでの松木さんの実績と、新事業の展望に対して、このビジネスは成功すると見込んだからに違いありません。

このように、消費者目線で相談企業の事業や商品・サービスを見ることは、数千万円というスケールの大きな案件にも有効に使える武器なのです。

◎「金融機関目線」になっていないか?

特に金融機関の人たちは、普段、企業をバランスシートなどの数字で判断することが多いため、そのクセが抜けずに、消費者目線どころか、「金融機関目線」で相手を上から下に眺めるようにして見てしまっていないかどうか、常に意識する必要があります。

私もかつてはそうでしたが、金融機関の中にいると、顧客を見るときに、この相手は融資する価値があるかどうかを基準に見てしまう習慣がついています。しかし、企業支援にあたるときには、カネを貸すか、貸さないかということは関係ありません。その企業の事業や商品・サービスを自分が買いたいと思うか、良いと思うかを重視してください。

自分が顧客ターゲットから外れる場合もあるでしょう。例えば、30代の男性の場合、10~20代の女性向けの化粧品を「買いたいと思うかどうか」で判断することは困難です。その場合は、前述したように、「自分は買わないが、買うとしたらどんな人だろう」と想像を働かせてみてください。あるいは、自分のまわりにいるターゲット層に当てはまる人に、「あなただったら買いますか?」「この商品をどう思いますか?」と聞いてみるのも1つの手です。

逆に言うと、自分の感覚では判断できないものについては、安易に判断してはいけません。「分からない」と思ったら、相談相手に時間をもらって、周囲の分かる人に聞き、確信を持てたときに意見をすべきです。

◎消費者に買う理由を明確に示す

「消費者は、買う理由がないと買わない」。私は、ｆ‐Ｂｉｚのスタッフに繰り返しこう話します。

ごちゃごちゃと説明をつけなくては価値が伝わらない商品・サービスは、それを初めて見た消費者、また初めて営業に行った企業に魅力が伝わりにくく、買ってもらうことには至らないものです。買いたいと思う理由を、対象となるお客様に明確にアピールする必要があります。

価値が伝わりにくい代表といえるのが、製造業などのＢｔｏＢ（企業間取引）向けのチラシやパンフレットです。

仕様書のように専門用語を並べ、性能面ばかりを強調したものが多く、一般消費者はもちろん、営業先の企業にとっても分かりにくいものになっています。分かりづらいということは、価値が伝わりにくいということです。これでは、初めてその商品やサービスを目にする人や企業に、話を聞いてもらう前で止まってしまいます。その企業では当たり前になっている技術や専門用語について、誰もが分かっているわけではないということを前提に考えてもらう必要があるのです。

こうした状況に陥っている場合、テレビや洗濯機などの家電のパンフレットを例にして説明すると分かりやすいでしょう。これらのパンフレットは、どんな人が読んでも分かるようにつくられているからです。

13. 事例を効果的に活用し相手の気づきや行動を促す

◎「自分にもできる」と思ってもらうために

相談者は何らかの課題を抱えて困っているからこそ、我々のような産業支援機関や金融機関に相談を持ちかけてくるのですが、具体的にどうしたらいいかは見えていません。

一方、支援する側としては、できるだけコストをかけずにブレイクスルーする方法を考えたいと思っています。しかし、相談企業のみなさんは「カネをかけずに課題を解決するなんて無理に決まっている」と思い込んでいます。

そうした固定概念があると、こちらがどんなに低コストでできる方策を提案したところで、納得してもらうことができません。そこで有効なのが、実際にコストをかけずに成果を上げた事例を紹介することです。その企業の状況に応じてマッチする事例を選び、「カネをかけずともこうやって成功したケースがあるんですよ」と例示すると、相手は驚くだけでなく、自分たちにもできるかもしれないと、やる気が一気に上がります。

相手のモチベーションを思い切り引き上げることは、コンサルティングで非常に重要な要素です。経営難に陥っている人たちは、モチベーションも下がり、前向きにチャレンジしようというエネルギーが弱まっています。「やる気の底上げ」をするには、ただ「頑張りましょう！」「一緒にチャレンジしましょう！」と鼓舞するだけでは効果はありません。

相手が「これなら自分たちにもできそうだ」「うまくいくかもしれない」という感触をつかめたときに初めて、くすぶっていたやる気の火種が一気に燃え出すのです。

自分が担当した企業支援事例の中にそうしたケースがない場合は、本書で紹介している豊富な成功事例の中からピックアップしてもいいですし、企業研究などの記事の中からコストをかけずに成果を出した身近な事例を日頃からストックしておき、その中から紹介するのもいいでしょう。

私が最近目にして、「これは使える」と思ったのは、お菓子の「ベビースターラーメン」と「柿の種」です。どちらもポピュラーな商品ですね。

ベビースターラーメンは、株式会社おやつカンパニーという三重県の企業の商品ですが、発売したのは今から50年以上前の１９５９年で、ずっと子どもの「おやつ」として親しまれてきました。それが最近は大人の「おつまみ」としても人気の商品となっています。

きっかけは、開発担当者がたまたま立ち寄ったコンビニで、若いサラリーマンがビールと一緒にベビースターラーメンを買っているのを目撃したことでした。その開発者は、「長年、子どものおやつとして販売していたが、〝大人のおつまみ〟としても受け入れられているのか。ならば、新しいターゲット層として商品コンセプトを明確にして、大人向けのベビースターを開発して販売したら売れるに違いない」とひらめき、すぐさま新商品開発にあたり、誕生したのがベビースターラーメンの新しいラインナップ「ラーメンおつまみ」や、大人の嗜好に合う

新シリーズです。

新商品開発といっても、ベースはもともとあったベビースターラーメンにひと工夫加え、見せ方や使うシーンを大人向けに変えただけ。それほど開発費用はかかっていないと思います。それでも、子どもから大人へ。新しいターゲットを開拓したことで大きく売上げを伸ばしました。

同じように「柿の種」も見せ方を変えることで、ターゲット層をこれまでの「ビールのお供に」としていた層から、お洒落なものやかわいいものに敏感な女性層や、お土産需要を開拓した好例です。

仕掛けたのは、「かきたね」のブランドで展開する大阪市のとよす株式会社です。私が東京出張の際に、JR品川駅構内にできたエキュート品川を訪れたときのことです。どんな店舗、どんな商品が並んでいるのか、視察を兼ねて回って歩いているとき、パッと目に飛び込んできたのは、「かきたねキッチン」という店舗でした。

パステルカラーのカラフルで洒落たパッケージだなと思ってよく見ると、柿の種専門店だったのです。驚きました。柿の種というと、どうしてもサラリーマンがビール片手にポリポリつまんでいる袋菓子のイメージがあったため、洗練されたデザインと、バラエティに富んだラインナップに、ハッとさせられました。

買っている人を観察すると、若い女性も多く、お土産用に求めている人も目立ちます。庶民的な袋菓子からお洒落なギフトへ――。

この、常識に捉われない自由な発想に感心しました。しかし、この事例もベースとなる認知度の高い商品があって、その味に変化をつけつつ、パッケージにこだわったところに、女性やギフトを求める新しい客層に訴求する新商品開発に成功したといえるでしょう。

こうした事例を説明すると、みなさん興味津々に話を聞いてくれます。そして、「自分たちにもできるかもしれない」「我々も頑張ろう」とやる気を示すようになるのです。

どうしたらいいか分からないという相手に対して身近な事例を示すことは、具体的なイメージが湧きやすく、モチベーションアップにつながるのです。

◎どんな事例を選ぶと効果的か

事例を示すことは効果的ですが、相手のニーズにマッチしたものを提示できなければあまり効果はありません。事例を選ぶときのポイントを挙げておきましょう。

・自社のセールスポイントや課題などの真価に気づいてもらうため、同業種や同じような商品・

サービスの事例を示す

・成功が身近な存在であり、「自分もできる」とモチベーションを高めてもらうため、地域の成功事例や自分たちが行ったサポートの事例を示す

・ブランディングやネーミングの時流を知ってもらい、実際に自分たちはどうするかを考えてもらう場合に、大手企業の一般に流通している商品やサービスを例示する

こうした事例を、日頃から自分の引き出しにストックしておくことが大事です。そういう知識の貯えもなしに面談に臨んでも、相手は「話す価値がある」と思ってくれないでしょう。

◎自分や自社の行ったサポート事例が最も効果的

例示する事例で一番効果的なのは、やはり自分自身や自社が担当した成功案件です。実際にサポートした事例ですから、成功するというイメージを伝える面で、非常に説得力があります。

分かりやすく伝えるという面では、どんな経緯でサポートを進めていき、どんな成果につながったのか、それをリアルにストーリー立てて伝えることです。

事例が身近なケースであればあるほど、「あの人ができたのなら私だってできる」、同じ業種であれば「うちだったらこうする」、同じようなチャレンジをしている人であれば「こうすればいいのか」などと、具体的にイメージでき、気づきを促すことができます。

コンサルティングで成果を上げられれば、次なる相談案件でその成功例を話すことができるので、ある意味、1つの成功が次の成功の呼び水になるといえます。コンサルタントとしては、それを目指して成功案件を積み重ねていきたいと考えるのです。

自分、または自社が携わった成功事例であればリアリティを持って紹介することができますが、そうでない場合、表面的な事実の説明に終わってしまいがちです。それでは相手の心に響きません。どんな事例であっても自分なりに解釈し、ポイントが何かを分かったうえで説明できて、初めて有効なビジネスヒントになります。

◎一般的でなじみのある話題を示す

誰もが知っている大手企業の商品・サービスや、コンビニの新商品などの事例を話すのもいいでしょう。

商品名やサービス名を聞けば、誰でも思い浮かべることができるので、興味を持ってもらいやすいのです。前述した「ベビースターラーメン」や「柿の種」などもこの例です。

CMやポスター、販売店でよく見かける、多くの人が知っている商品で、その意外な仕掛けや開発背景などを題材に、相手に分かりやすいようにポイントを押さえて説明すると、相手の関心を引きつけられます。この時点で商品や開発背景、PR等が具体的に頭にイメージできるので、こちらが伝えたい提案のポイントについても「なるほど」と納得してもらえるのです。

例えば、2009年、ロッテの定番商品「ガーナチョコレート」の売上げが板チョコレート市場で首位になりました。主な要因の1つは「母の日」です。同社のプレスリリースによると、2001年に社員がガーナの赤い色のパッケージと赤いカーネーションを結びつけることを思いつき、母の日にガーナを贈ろうと呼びかける「母の日キャンペーン」を展開。この呼びかけは、商品を買う新たな動機をつくり、PRして成功した例です。

これと同じ効果を生んだのが、近年、2月の節分時期にスーパーマーケットやコンビニで見かける「恵方巻き」です。

そもそもは関西地方の風習で、節分に1年の幸福や健康などを願いながら、その年の「恵方」を向いて食べられる巻き寿司を「恵方巻き」といいます。食べ方には作法があり、例えば、「食べ終わるまで無言のまま食べる」「包丁で切らずに1本をそのままで食べる」などです。

2月は全国的にコンビニの売上げが落ちる時期で、この時期のテコ入れとして恵方巻きが投入されたのです。これが成功しヒットを呼び、最近は毎年恒例のイベントとして定着しています。

そもそも関西地方の風習であるにもかかわらず、「恵方巻き」の全国認知度（ミツカン調査）は２００２年53％だったのが、２００８年には96％にも上っています。かつて大阪の海苔問屋が販促キャンペーンとして恵方巻きを広めていった過去をなぞるように、近年のこうした動きも、限定した地域で古くから残る風習を伝えることで、消費者に「買ってみよう」という気持ちにつなげることができた事例です。

◎異なる分野でも消費動向などは参考になる

例示する事例は、何も相談者の同業や関連業種でなくてもかまいません。消費の動向や業界の動向が分かるようなケースも参考になるでしょう。

以前サポートさせていただいた地元のお茶農家は、リーフ茶離れが進んでいて業界全体が落ち込んでいると嘆いていました。我々はまず、「現実はそれほど悪くない」ということに気づいていただきたいと考えました。それには、相手の認識を否定するのではなく、事例を例示しながら、本当にそうなのだろうか？　と改めて考え直すきっかけをつくるようにして話を展開していきます。

例えば、リーフ茶の消費低迷に悩み、「お茶を買うのはシニア層ばかりで、若い人は買わなくなった」と後ろ向きの発言を繰り返す老舗茶農家が相談に来たとします。彼らに対し、コンビニなどで小中学生がペットボトル入りのお茶を手に取る様子から切り出します。

「コンビニやスーパーで子どもたちがお茶を買っている姿を見かけたことはありませんか」と問いかけます。そして、「子どもがお茶をがぶがぶと日常的に飲むのは、ペットボトルの手軽さがもたらした効果です」。こう言って、ペットボトル入りのお茶の消費動向を知っていただき、「お茶を買うのはシニア層だけ」という先入観で商品づくりをすると、販売機会を逃してしまうことになると気づいてもらうのです。

また、自社が所属する業界内のことでは、固定概念に凝り固まってしまう人もいます。そうした場合、いくら「それは違います」と言っても納得してもらえません。

そこで、同じような動向となっている異業種・分野で、それを打破した企業の事例を話します。製茶業者であれば、同じ飲み物であるコーヒー飲料の商品戦略などの事例です。具体的な話の内容は、以下のようなものです。

「国内のコーヒー飲料市場は約1兆円といわれ、清涼飲料市場全体の3割弱を握る最大の商品分野です。しかし、健康志向による砂糖入り商品の低迷などで、２００５年をピークに漸減傾向が続いていました。コーヒー飲料市場が頭打ちとなる中で、キリンビバレッジでは、20代と30～40代では生活様式やコーヒーに対する意識が異なる点に着目し、年代別の商品戦略に取り組みました。30代以上に向けては仕事前や喫煙時に飲むことが多い傾向から『濃い味』を求めていると分析し、製法にこだわった『挽きたて』シリーズを展開しました。一方、20代は『缶のにおい』に不満を持っているうえ、コーヒーチェーンに慣れ親しんでいることから、ペットボトルを採用し、エスプレッソを加えた『ネオ』シリーズで訴求しています」

このような話をして、飲料市場で圧倒的なシェアを誇るコーヒー飲料でも、消費者の嗜好に合わせた商品展開をしており、お茶の業界でも同様のことがいえるのではないかと問いかけます。販売する場面や消費者の動向・ニーズを探った商品づくりをすると、活路が見出せなかった商品にも可能性が生まれることを具体的な事例で紹介することで、相手は「なるほど、言われてみればそのとおり」と理解が進み、その重要性に自ら気づくことができるのです。

◎新聞や雑誌などの記事等を使って説明する

事例を説明するときには、言葉で説明するだけで十分伝わることもありますが、より効果的にするために、様々なツールを用いています。f‐Bizの場合は、過去の相談事例のダイジェスト版ともいえる資料を用意し、どんな企業が、どんなコンサルティングによって成果を上げたか、写真や図解を交えながら説明しています。

自分の携わった事例について、このようにまとめておくといいでしょう。

まだ経験の浅い人は、それに代わるものとして、取り上げる事例が掲載されている新聞や雑誌の切り抜きなどを見せながら話を展開するという方法もあります。

私は、f‐Bizでの事例以外に、自分が興味を持った商品やサービスについてネットなどでざっと情報を収集し、そのポイントを頭の中にストックしておきます。資料として用意することはほとんどありません。実際の相談の場では、頭の中のリストからどの事例を紹介したらベストかを瞬時に選択し、その場でストーリーを組み立てながら説明します。

これは10年以上の経験から身につけてきたことで、誰でもすぐにできる方法ではありません。しかし、より高い目標を持ち、自分を成長させていきたいという志のある人は、このような技術を習得することを1つの目標としていただけたら私も頼もしく思います。

今からすぐに、誰にでもできることとしては、とにかく企業リサーチを日頃から行っておくことです。新聞や雑誌、コンビニエンスストアの商品、広告やCMなどをチェックして、常に新たな情報を仕入れておきます。また、企業のHPは広く情報発信の場として活用されています。新商品情報やプレスリリースのコーナーをチェックしておくといいでしょう。

そのほか私がおすすめするテレビ番組として、ＮＨＫの「Ｂｉｚスポ」「サキどり」、テレビ東京の「ワールドビジネスサテライト」なども情報収集するのに役立ちます。

これらの情報を自分なりに狙いやターゲット、販売チャネル、それらの関係性などを分析しておくと、頭の中が整理され、より的確に説明することができます。そして、それをインプットするだけでなく、周りの人に実際に話してみることで、自らの理解力や説得力も高まるのではないでしょうか。

14. 協力を得たい専門家や企業を適切&効果的に紹介しよう

(1) 適切な紹介方法について

◎紹介する相手選びは慎重に

相談企業の課題がはっきりし、今後展開すべき方向性や戦略の見通しが立ったら次のステップに移ります。いよいよ個別の課題解決に入っていくわけですが、自分たちだけでは対応しきれないことが往々にしてあります。その場合、専門家や公的機関などに協力をお願いすることになります。

ただし、紹介する先はよほど慎重に選ぶ必要があります。金融機関の「紹介」は、企業にとって単なる紹介ではなく、「お墨付き」であり「推薦」であると思わせてしまうからです。だから、本当に信頼できる専門家や公的機関であるか、連携することによって成功が見込める企業でなければなりません。

例えば、前述した「スポーツ弁当」（64ページ参照）のケースでは、スポーツ栄養士の考案したレシピを製造・販売する企業の協力が不可欠でした。そのパートナーに選んだのは、静岡県内で最大手、全国弁当・総菜チェーンでも五指に入る天神屋でした。

同じ県内であること、全国でもトップクラスの規模・売上げを誇っていること、そして、前にも書いたように、古い経営体質から脱皮しようと転換期にあり、新しいことに挑戦しようという姿勢が見てとれたこと。これらの理由で天神屋に協力を依頼したのです。

このように、紹介先の選定には、内容をよく把握できているパートナーを探すことが大事です。

協力先、連携先が決まったら、その場ですぐに紹介する手はずを整えるのも重要なポイントです。例えば、相談者の目の前で紹介先へ電話をかけ、その相手に相談者のことや当日話したい内容などを話し、面談希望の有無を確認します。そのうえで、面談日程や時間、場所等をセッティングします。

こうしたスピーディな対応によって、積極的に動いてくれたという印象を相談者に与えることができます。しかも、面談のコーディネートまでコンサルタントがやってくれるとなると、相談者としては「ここまでやってくれるんだ」という驚きを感じ、目の前で紹介先に連絡がつくことで安心感も得られるようです。相談者はこれからどう進めばいいのか暗中模索しているわけですから、小さな一歩であっても具体的なアクションを示してもらうことで、先が見え、モチベーションが上がります。

◎選択肢を複数与え、相談者に決めさせる

取引先や人脈の中に紹介できる相手がいない場合、シンクタンク等の発行している会社要覧を相談者に見せて、条件に該当する企業から選んでもらったり、インターネットで検索してターゲット企業をピックアップしてもらいます。

「ここと組みたい」「この会社に協力してもらいたい」という企業を絞り込んだら、相手先の内容やニーズが明確に分かっている場合を除き、相談者に直接アプローチをしてもらうようにします。ここは重要な点です。企業を選ぶのも、その企業に連絡するのも、相談者自身が行うこと。こちらが選ぶとそれは推薦したと受けとられてしまい、そこから発生するリスクを背負うことになります。あくまでも取引先が選び、その依頼に基づいて行動することを常に意識すべきです。コンサルタントが方向性を決定してしまうと、失敗した場合、重大なリスクが生じ

る可能性があります。

◎面談の場に同席して状況を把握

紹介する際に十分に気をつけないといけないのは、双方を引き合わせる場の状況づくりです。面談後、双方がかかわり合いを持って事業を進めていく可能性があるわけですから、最初の会話の内容や雰囲気といったことが重要となります。

ｆ‐Ｂｉｚの場合は、紹介先との面談や外部専門機関との相談などの際、基本的には当センターで引き合わせることにしています。

当センターで引き合わせ、担当者が同席することで、双方のことを正確に紹介することができるからです。それと同時に、面談時の話の進行状況や今後の方向性が把握でき、終始こちらがイニシアチブをとっていくことができます。

国の農商工等連携や新連携などの制度認定に向けた打合せの場合は、ｆ‐Ｂｉｚに専門家やアドバイザーを招いて打ち合わせを行います。このような機会を設けることで、こうした国の機関とも直接のネットワークが強化されます。

金融機関の場合は、可能であれば自行に双方を招き、自分が同席するところで引き合わせられるのが効果的です。

コンサルタントが同席して紹介することで、面談者双方に安心感を与えることもできますし、複雑な手続きの多い様々な制度申請などにおいてはそのサポートも可能となります。特に、新しいビジネスを展開する場合はスピード感が求められるので、何かあった場合に臨機応変に素早い対応ができます。

面談の後は必ずアフターフォローをしてください。面談の結果や、その後の進捗状況などをしっかりと把握することで、継続したサポートや次の展開への足がかりになります。ともすると、紹介すること自体が目的になってしまうことが多々ありますが、本来達成したい目的のためにマッチングしたことを忘れずに、その後のフォローをすることが必要です。

(2) 人脈づくりについて

◎出会いのワンチャンスを逃さない

専門家や企業等を紹介するには、その前提として自分自身が紹介できる人材や企業とのネットワークづくりが欠かせません。つまり、企業支援を行う人間は、より多くの信頼できる専門家やプロを知っている必要があります。

そもそも、ビジネスコンサルタントは、相談者にとって「相談したいと思う人間」でなければなりません。自分のノウハウやスキルを駆使し、ありとあらゆるニーズに応えられる力が求められます。とはいえ、相談者のニーズは幅広く、すべてを自力で対応できるわけではありません。そのような場合は、ネットワークを使って、最適な人材を見つけ出していけばいいわけです。

プロのコンサルタントは実際、多くの専門家やその道のプロを知っています。「この分野だったらこの人に頼ればいい」という人をたくさんリソースとして持っています。具体的な能力として、そうした専門家やプロの協力が得られるコミュニケーション力と日頃からネットワークを広げる努力を怠らないということです。

そのために心がけていただきたいことは、常日頃から「人との出会いを大切にすること」「出会いのワンチャンスを逃さないこと」「一度知り合って『この人は使えるな』と思ったらとことん付き合っていくこと」です。多くの人たちと知り合える立場にある中、価値ある人、価値ある企業との出会いは逃さず、自分の財産として大事にしています。

こうした意識を持って日頃の活動を展開できるかどうかで、コンサルタントとしての腕前が決まるということを覚えておいてください。

◎ネットワークづくりの努力を

私自身がどのようにして人脈を広げていったかをお話ししましょう。

コンサルティングの仕事は、「SOHOしずおか」に出向したときから行ってきましたが、富士市に移り、f‐Bizを開設したのは2008年8月のこと。それまで静岡市と浜松市で活動していたため、富士市にはほとんど人脈も企業とのお付き合いもありませんでした。

そのような状況の中、企業支援をしていくうえで協力してくれる〝できる専門家〟、弁護士や司法書士、弁理士、税理士、デザイナー、コピーライターなどとの関係をつくることが急務でした。

同じ専門家でも、人によって取り組み方は様々です。親身になって対応してくれて、仕事のできるエキスパートを見つけ出し、何かあったときに協力してもらえる体制づくりを進めました。また、地元の有力企業との関係も築かなければなりません。f‐Bizでの相談を通じ、信頼できて、ポテンシャルの高い企業を探し出す努力をしました。

こうしたネットワークづくりの努力は、日頃から意識して今でも行っています。

みなさんも人脈づくりは重要です。自社の取引先にどんな企業や専門家がいるのかを洗い出し、協力してほしい企業、人材との関係を一からつくっていく意気込みで臨んでください。どうやって協力関係を築くかですが、繰り返し述べているように、人は理由がなければ行動しません。協力を依頼したい相手にとってもメリットがあれば、相談にのってくれるはずです。そのメリットを提示できるかどうかで決まるでしょう。

一方的に「お願いします」では、一度は付き合ってくれるかもしれませんが、関係性は続きません。ビジネスの関係の鉄則は、双方にメリットがあることです。協力したり連携することでｗｉｎ‐ｗｉｎの関係になることが見込めなければ相手は動きません。

このように、協力を持ちかけるときには、相手にどんなメリットがあるか、「売上げにつながる」「新しいビジネスチャンスが生まれる」「販路開拓ができる」などを示すことが不可欠だと心得てください。

第２章

成功するビジネス戦略はこう立てよう

事例で学ぶ＝必ず成果の出る事業戦略の発想方法と組み立て方

富士市産業支援センターｆ－Ｂｉｚには、ありとあらゆる業種の企業や個人事業主、団体から様々な相談が寄せられています。小売業、飲食業、工業、農業、ＩＴ関連、教育機関、コミュニティビジネス……。例を挙げたらきりがありません。当然、それぞれの企業・団体によって取り扱う商品やサービスは異なるので、市場やターゲットは異なります。

我々ｆ－Ｂｉｚは、それぞれの企業・団体に対して、どのように強みや課題を発見し、事業を前に進める戦略・アイデアを生み出しているのか。そして、それを実現するために、どのようなサポートをしているのか――。

本章では、我々がこれまでにサポートしてきた具体的な支援事例をもとに、戦略策定のポイントを紹介します。

ケース1　株式会社増田鉄工所の場合

一体構造金型の製造技術は素晴らしいがその価値がお客様にうまく伝わっていない

事業内容：自動車用内装品・パネル向けのプレス用金型の設計・製造
創業：1952年　従業員：60名
事業背景：自動車産業が大きく変化する中、2000年頃から金型の受注価格が大幅に下落し、現在の価格は1998年比で半額程度まで落ち込んでいる。これに2008年のリーマンショックが加わり、同社の受注量も2年前に比べて約3割減っていた。

◎商品そのものより、課題解決に価値ありと転換

増田鉄工所は、大手自動車メーカーからの受注を主としていましたが、リーマンショック等の影響で受注量が急激に減少し、また中国や韓国の企業の台頭も著しく、先行きが不透明な状況でした。

図表１　増田鉄工所の一体構造金型を利用するメリット

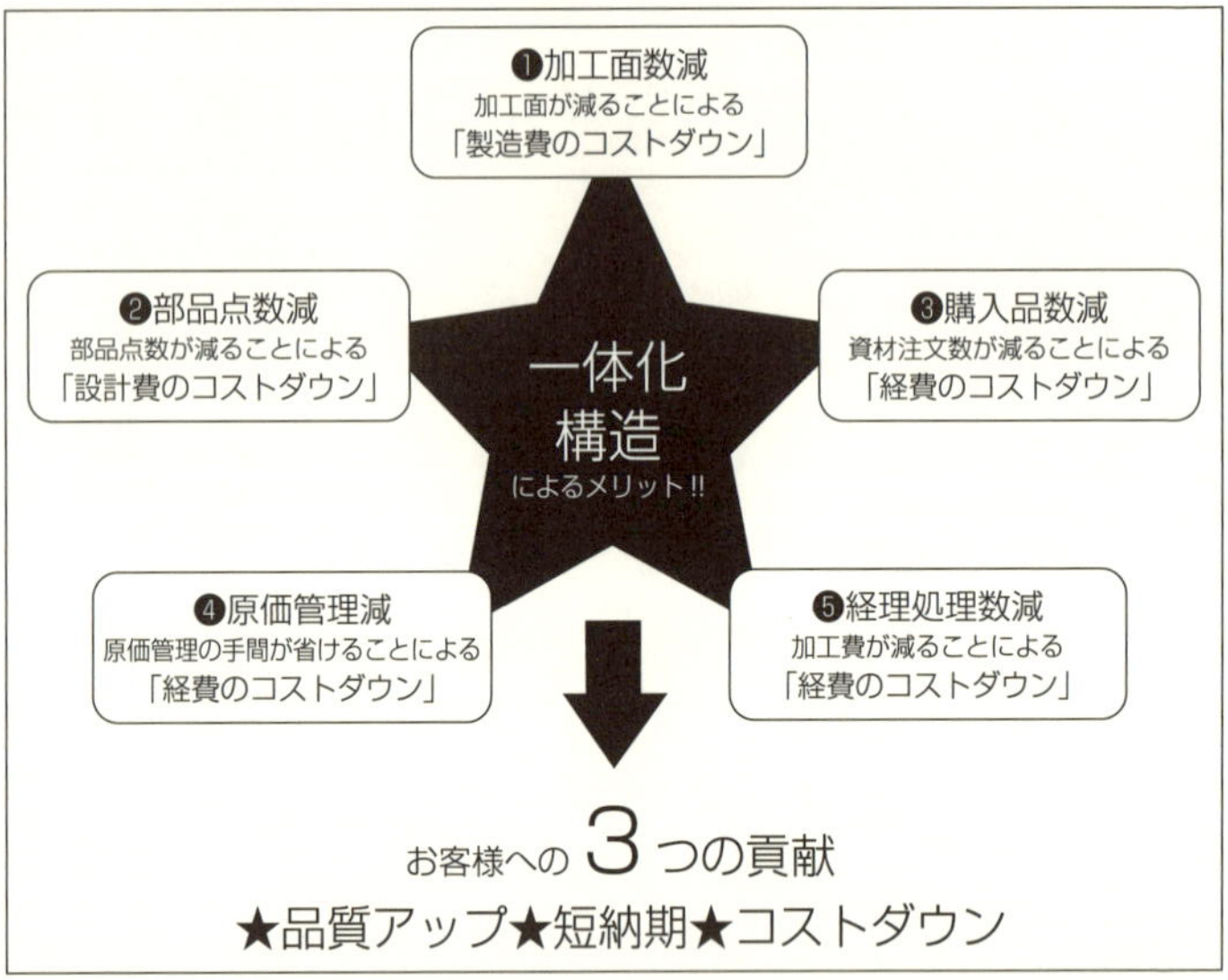
❶加工面数減
加工面が減ることによる
「製造費のコストダウン」
❷部品点数減
部品点数が減ることによる
「設計費のコストダウン」
❸購入品数減
資材注文数が減ることによる
「経費のコストダウン」
一体化
構造
によるメリット!!
❹原価管理減
原価管理の手間が省けることによる
「経費のコストダウン」
❺経理処理数減
加工費が減ることによる
「経費のコストダウン」
お客様への３つの貢献
★品質アップ★短納期★コストダウン

増田鉄工所ウェブサイトより

そこで、この状況を打破すべく、熱心に技術開発に取り組み、従来は一つひとつの金型を製作し組み立てて仕上げていた複雑で大きな部品の金型製造を、一体構造で加工する技術を開発することに成功しました。

お客様にメリットは感じてもらえるものの、なかなか思うように成果につながりません。メイン取引銀行に相談したところ、「経営革新計画（中小企業新事業活動促進法に基づく経営革新支援を受けるために必要なもの）」の承認を受けることをすすめられ、静岡県からの承認を受けるところまでこぎつけたのですが、販売動向に変化はありませんでした。

増田弘社長がｆ－Ｂｉｚの門をたたか

れたのは、こうした状況のときです。最初の面談では、同社の事業内容や、新開発の一体構造金型について話を聞きました。

私が感じたことは、「金型を売ろうとするから売れないのではないか」ということでした。金型を商品として提示するよりも、金型を作るにあたって、お客様のニーズに応えながらコスト減を達成できる点を前面に押し出すべきだと考えたのです。つまり、モノを売るのではなく、お客様の抱える課題を解決するソリューションビジネスとして売り出していくことを提案しました。

増田鉄工所のセールスポイントを整理すると、顧客メリットとして「品質の向上」「短納期」「大幅なコストダウン」が挙げられます。組織面では設計から製造まで一貫生産できる体制を持つことや、高い技術力を持ったベテラン社員がいることなどの強みを確認しました。

これらの「売り」を前面に打ち出すため、商品名を「金型革命5ダウン」とすることを提案しました。一体構造金型の削減効果を5つにまとめ、そのメリットを明確に伝えるのが狙いでした。

増田鉄工所はすぐさま、この商品名を冠したパンフレットを作成し、新サービスとして取引先に提案したところ、次々に採用され、半年間でおよそ50件の新規獲得、売上げアップに貢献したのです。

◎他社がやらないサービスは最高の差別化に

そして、「金型革命5ダウン」の成功をきっかけに、同社は次から次へと新たなチャレンジに取り組むようになります。その1つが、日頃行っていたサービスにヒントを得て提案した「金型ドックBestコンディション」です。

金型メーカーで定期的に金型をメンテナンスするところは少なく、調子が悪くなったり、故障したりしたときに初めて整備する場合が多いそうです。ところが同社では、納入した金型の定期的なメンテナンスを行っており、過去にはそのメンテナンスで大きな損害を避けることができたケースもあり、取引先からは高く評価されているとのことでした。

自社製のみならず他社の金型も見てもらえないかという依頼が県内外や海外からもあり、これまでもサービスの一環として対応していたといいます。

それこそ最大の強みではないか。私は増田社長にぐっと体を向けて、「他社がやらないサービスを行うことは、最高の差別化になります。これを活かしてさらにビジネスチャンスを広げましょう」と持ちかけました。

「金型革命5ダウン」の成功で、もっとやれるのではないかと挑戦する姿勢を見せてくれた社長に提案したのは、他社の金型の定期的なメンテナンスを、依頼に基づいて行うのではなく、新サービスとして打ち立てることでした。そうすることによって、これまで増田鉄工所の金型を使っていなかった企業に対してもアプローチすることができます。つまり、販路拡大が狙えるということです。そこからさらに、新規需要へとつながる可能性も生まれるのです。

私の説明に耳を傾けていた増田社長は、「すぐに導入しましょう」と即決。f-Bizではビジネス化に向け、事業内容、コンセプトの明確化、ネーミングやプロモーションツールなどをサポート。サービスの特色を分かりやすく解説したチラシを、全国の自動車部品関連工場などにダイレクトメールで送ったところ大反響で、応じきれないほどの問い合わせが寄せられたそうです。

　しかも、こうした極めてオリジナリティの強い革新的な取組みを

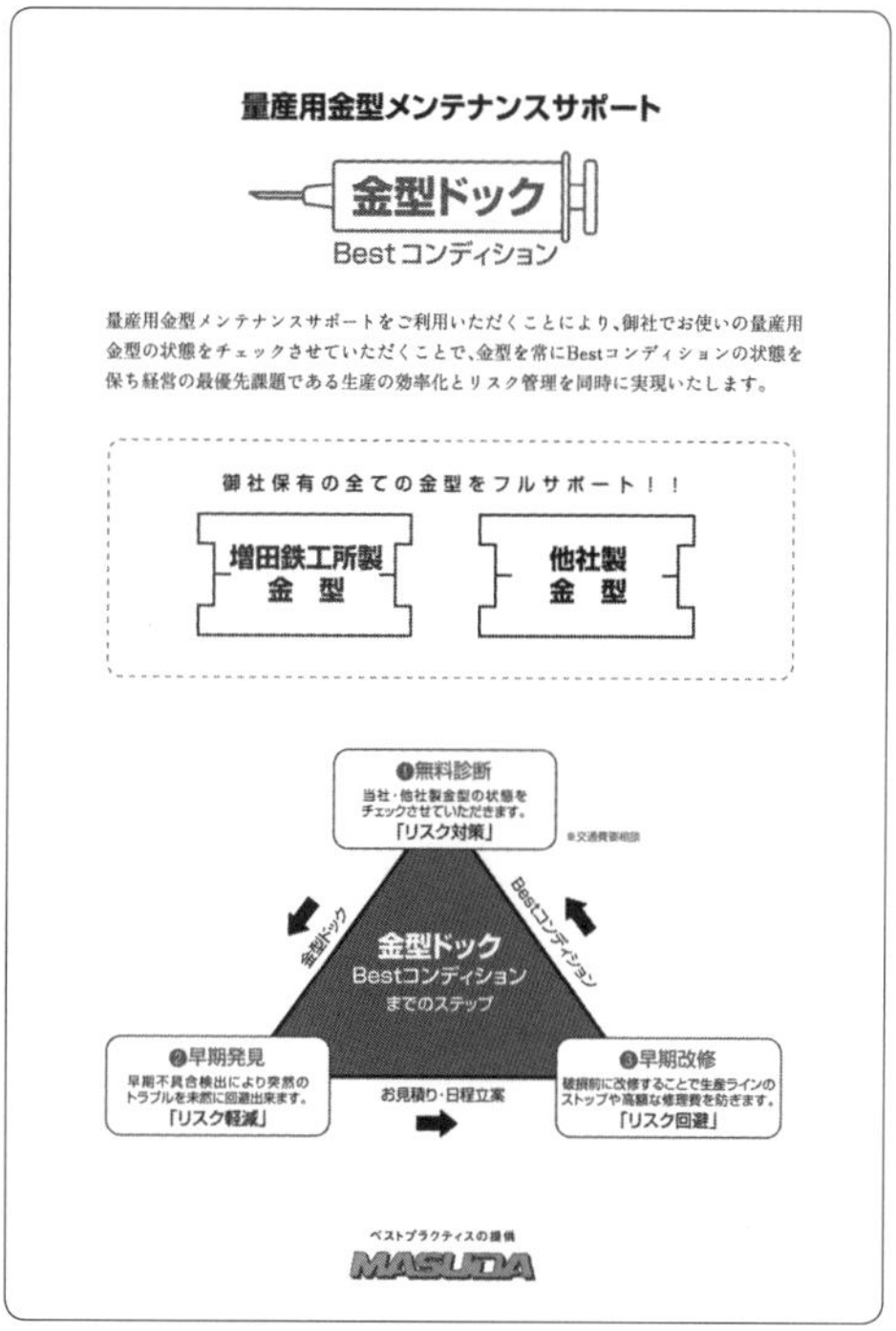

▶「金型ドック Best コンディション」のチラシ

続ける企業姿勢が高く評価され、大手自動車関連企業の経営者がわざわざ増田鉄工所を訪問、新規の大型案件を受注できたという、思わぬ効果もありました。

企業が普段何気なく行っている日常の活動にも商機が隠れている。この案件は、そういう商機に気づいて活かすことの大切さを教えてくれる事例です。

戦略構築と発想のポイント

・セールスポイントを明確にする
・商品やサービスが提供できる効果や価値を分かりやすく伝える
・日頃から行っているサービスを見直し、ビジネスチャンスを探る

ケース2　齋藤食品工業株式会社の場合

市場拡大を狙い独自技術で「エチケットガーリック」を開発したものの…

業務内容：業務用ガーリックパウダーなどの製造販売
創業：1962年　従業員：20名
事業背景：1960年代以降、レストランや総菜などでガーリックパウダーが多く使われるようになり、カップ麺やスナック菓子等でも若者を中心にガーリック風味が市場に浸透していった。しかし、少子高齢化等で消費量に限りがあり、業務用加工業だけでは将来の伸びしろが小さくなってきている。そこで、これまで培ってきたノウハウを活かし、新商品開発に取り組んでいた。

◎独自の技術を買ってくれる企業をマッチング

齋藤食品工業は、にんにくやしょうが等の業務用加工をメインにする一方、自社ブランドの

◀低臭化処理されたシロップ漬けにんにくのびん詰め

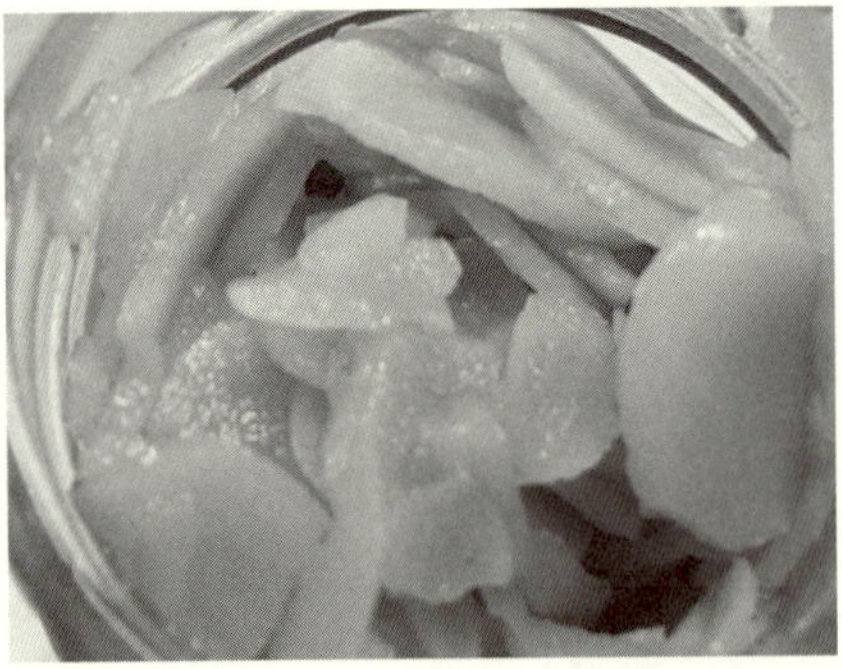

商品を開発すべく様々な技術開発を行っています。同社の開発担当者がその新技術の成果としてｆ‐Ｂｉｚに持ってきたものが、にんにくの風味を残しながらも、独自技術で低臭化処理を施した「シロップ漬けにんにく」（上写真）でした。

この低臭化処理は、天然の植物を使い、にんにくを食べた後のにおいを3分の1以下に抑制する技術で、この処理を行った「エチケットガーリック」は、パウダーやシロップ漬けなどのいろいろな中間素材に加工されています。

シロップ漬けにんにくは、開発者の持つ専門知識を活かし、にんにくの他分野への展開を考えたうえで開発されたもの。「今まで食べられることがなかったスイーツの分野でにんにくを使えるようにしたい」と、f-Bizに相談に来られました。

我々は相談に乗りながら実際に試食し、にんにくから連想されるスタミナに着目。「食べて元気になるスイーツ＝スタミナスイーツ」というコンセプトを打ち出しました。

スイーツの市場を考えると、消費シーンとしては癒しやくつろぎ、ご褒美として食べられるのが一般的です。しかし、「食べて元気になる」というイメージを出すスイーツはなかなか見あたりません。この新規性、オリジナリティは大きな売りになる。「いける！」と思った瞬間でした。

次に考えたのは、エチケットガーリックの最終製品を作ってくれる企業を探すことでした。

f-Bizが過去に相談を受けたことのある企業の中から、スイーツ製造に携わる企業をピックアップ。この素材を紹介したところ、非常にユニークな商材と評価してくださり、エチケットガーリックを使った様々なスイーツを開発してもらいました。

これも単に売り出すだけでは認知性に欠けます。インパクトのある打ち出し方で話題性をつくり、PRすることを狙い、「富士山麓スタミナスイーツプロジェクト」と命名。富士地域から全国へ発信することで市場にインパクトを与え、新たなスイーツのジャンルを開拓することを目指したのです。

◀新商品発表イベントの様子

◎生産高一位の青森県とのコラボで全国展開

そうした展開案が固まり、早速動き出したところ、同社の素材を紹介した全6社で商品開発が始まり、3カ月の間で11商品が出そろうことになります。そして、富士地域発の新ジャンルのスイーツを拡げるため、新商品発表イベントを開催しました。

エチケットガーリックの特徴や、それを用いた各商品の紹介、そして試食会を行ったイベントの様子は、狙いどおり新聞やテレビで報道され、一気に認知度が上がりました。そして、レストランや量販店、お土産物屋で、それらスタミナスイーツを取り扱いたいという要望がいくつも寄せられ、大手量販店でも販売されることになったのです。

静岡県内で一定の認知度を得ると、次は全国展開に向けての戦略を練りました。

真っ先にターゲットとしたのは、国内にんにくの約8割を生産している青森県。このプロジェクトが始まって3カ月目のこと。青森県の産業支援機関から、私に出張相談の依頼があり、青森県内大手の農業生産法人・有限会社柏崎青果の相談を受けることになったのがきっかけでした。

柏崎青果では、生産したにんにくを、生鮮品だけではなく加工品としてもっと販売していきたいという要望があり、エチケットガーリックの提案は大歓迎され、すぐに商品化が進められました。完成した商品「にんにに君サブレ」などは、東北新幹線全線開業に合わせたパッケージデザインにされ、開発後すぐに青森県内の主要駅で販売。地元の人だけでなく、観光客にも人気を呼び、柏崎青果にとっても齋藤食品工業にとっても収益アップにつながったのです。

この柏崎青果との連携では、国の支援制度を活用し、農商工等連携促進法に基づく支援制度の認定を富士市の企業として初めて受けたことも大きな成果でした。

その他、このエチケットガーリックとスタミナスイーツを全国に情報発信するため、全国メディアが集まる東京で仕掛けていくことを提案し、新商品の開発・販売も実現。最近では、静岡県を代表するお土産の「こっこ」や「安倍川もち」等の菓子を製造販売する株式会社ミホミ／ミホミフーズ株式会社から、ＯＥＭ生産が主力となっている飴菓子の分野で、量販店向けの

▶「男を支えるスタミナキャンディー　男の仕事飴」

オリジナル商品を開発したいとの相談が寄せられたのをきっかけに、我々は齋藤食品工業との共同開発をコーディネートしました。そして、ターゲットの明確化や商品コンセプトの確立、商品名、パッケージデザインなどをサポート。こうして商品化されたのが、土木や建築など現場作業にあたる男性をターゲットにした「男を支えるスタミナキャンディー　男の仕事飴〝塩入り梅にんにく味〟」です（上写真）。売り場でもひときわ目を引く男らしいパッケージで、全国の量販店や自社通販サイトを通じて発売されました。新聞やテレビ、ネットの情報サイトなどで紹介され、全国的に話題になりました。

　こうして全国に拡がりを見せるスタミナスイーツは、引き続き複数の新商品開発のプロジェクトが進んでいます。相談から1年も経たないうちに、一気に拡がっていったのです。

戦略構築と発想のポイント

・独自性ある価値を突き詰める（勝負する市場を決める）
・お互いにメリットが生まれる企業をコーディネートする
・他社と連携することで新たな価値が生まれる

ケース3　有限会社柚子庵の場合

主要取引先の低迷で売上げ不振に…
独自性のあるスイーツを開発し突破口を模索

事業内容：業務用総菜・デザートの開発・製造
創業：1997年　従業員数：7人
事業背景：旅館やホテル等向けに業務用デザートを開発してきたが、静岡県内では伊豆や熱海など主力の観光地で宿泊客数が長期的に減少しており、宿泊施設からの受注が伸び悩む中で新たな収益の柱を探していた。

◎規格外野菜に悩む生産者などをターゲットに

柚子庵の齋藤剛志社長は厳しい和食の世界で経験を積み、有名旅館で料理人として活躍していた経験を持っています。そのキャリアを活かして静岡県内の高級ホテルや旅館向けに、デザートや総菜の開発・製造を手掛けて事業展開をしていましたが、県内観光地の宿泊客が長く低迷していることもあり、受注が伸び悩んでいました。

そんな状況を打破すべく、齋藤社長は地域の特産物を活かして独自性あるスイーツを開発していましたが、なかなか突破口が開けません。そうした状況で、ｆ‐Ｂｉｚに経営相談に来られました。

▶ｆ‐Ｂｉｚでの相談の様子
（中央：柚子庵の齋藤社長）

現状の取組みや商品説明を受けながら、私が注目したのは、商品ではなく齋藤社長のプロの料理人としてのキャリアでした。この強みを活かせる市場、求めている業態は何だろう？　そう発想したときにターゲットとして絞ったのは、農家や食材を扱う業者。規格外野菜をジェラート（アイスクリーム）に加工し、従来のホテルや旅館ではなく、食材はあるけれどもそれを商品化することに悩んでいる生産者や食材を扱う企業に売り込もうという戦略です。

◎他社ではしない小ロットを売りに

そもそも「規格外品」というのは、どのような生産物でも一定

◀齋藤社長と手がけたジェラード

の割合で出てしまい、その商品化に困っているケースは多く見受けられます。規格外野菜を何かの商品に加工しようと思っても、一般的な専門業者に頼むと、大量生産でないと受け付けないケースがほとんどです。

　しかし、大量生産で多くの商品を作ったものの、それを売り切るには大きなリスクを背負うことになります。そのため、通常はなかなか踏み切ることができません。

　一方で、数年前からの〝ご当地ブーム〟で「全国のおいしいものを食べたい」という消費者ニーズは高まっています。

　こうしたニーズを踏まえ、生産者

や企業をターゲットに据えて、100個未満の小ロットでも生産できる〝ご当地ジェラート〟を手掛けることを提案。「産地のジェラート創作厨房」という新サービスの誕生です。

　このユニークな取組みは農業専門紙などに取り上げられ、問い合わせや注文が各地から殺到。日本最大級のポータルサイトのトップニュースや英字新聞でも紹介されるなど、大きな話題に。規格外野菜の課題と消費者ニーズを把握し、同社の強みを明確にすることが成果につながっていったのです。

　ご当地ジェラート以外にも、沼津産のアジの干物を具材とした「沼津鯵ひものらー油」や、「沼津深海海老らー油」「戸田塩らー油」を開発し、「西伊豆　戸田港　磯鶴丸」のブランドで発売しました。

　これらの成功で勢いをつけ、自社ブランドの製造・販売にも乗り出しました。消費者の支持によるイメージ向上や売上げの増加を狙って、静岡県三島産の箱根西麓にんじんを使ったゼリー「美人なにんじんジュレ」をはじめとする、総菜類を新しく発売。特に、「美人なにんじんジュレ」は、三島市内で開催された全国規模の食育フェア『ふじのくに食育フェア2011（第6回食育推進全国大会）』で販売し、にんじん嫌いの子どもが喜んで食べると、親からも大好評でした。

　ここに勝機を得たりと、全国各地のにんじんをゼリーにするサービス「産地のにんじんゼリー創作厨房」をスタート。外部企業と連携してゼリーの製造からパッケージ作成まで対応し、規格外にんじんの有効活用やお客様の開拓につなげました。

戦略構築と発想のポイント

・強みを明確にし、ニーズがある市場を開拓する
・想定するターゲットにきちんと情報が届くような戦略的な情報発信をする

ケース4　マツムラ製茶の場合

野外音楽イベントに出店するなどお茶の新規需要開拓を図るが、思うように販売は伸びず…

事業内容：日本茶の生産・加工、販売
創業：1973年　家族経営
事業背景：静岡県は言わずと知れたお茶の産地である。しかし、ペットボトル飲料の普及など消費者のライフスタイルの変化により、急須で飲むリーフ茶の市場が大きく落ち込んでいる。同社においても、リーフ茶の消費低迷が著しいうえに富士市のお茶のブランド力が弱いことも影響し、売上げが伸び悩んでいた。

◎リーフ茶の起死回生のロールモデルに

マツムラ製茶は、急須によってお茶を入れるリーフ茶離れが進む中、お茶を飲んでもらう機会をつくろうと、首都圏を中心に約1万2000人の音楽ファンがやってくる野外音楽フェスティバル「朝霧ＪＡＭ」で出店・販売をしていました。３年前から出店していましたが、なかなか手に取ってもらえず、思うように売れない状況が続いていました。

　どうすればイベント参加者に関心を持ってもらえ、販売につなげることができるのか。松村さんがｆ‐Ｂｉｚを訪れたのは、打開策を求めてのことでした。私はこれまでの経緯を伺いながら、ターゲットを絞り込み差別化を図ることが必要だと感じました。

　朝霧ＪＡＭの来場者は、ハードロックからフォークまで幅広いジャンルの音楽ファン。彼らを惹きつけるため、「買いたい動機を持たせる」商品の開発を提案しました。

　これまでのお茶商品は、パッケージやネーミングなどにこだわりを持って差別化したものはあまり多くありません。そこで、これまでの既成概念に捉われない、イベントの性格に合わせた、お客様の興味をそそるコンセプトのお茶を考え、ふさわしいネーミングや斬新なパッケージを提示。音楽のジャンルに沿った４種類のお茶を商品化することを提案しました。

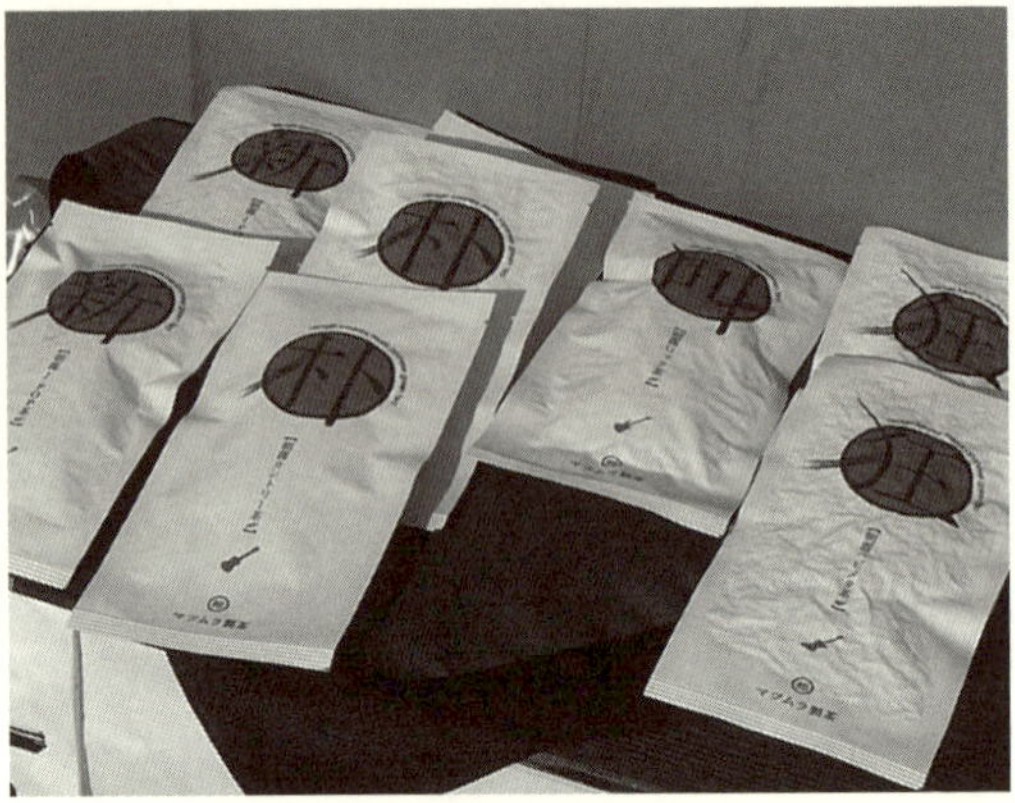

◀完成した４商品

完成した商品は、次の4つです。

■朝霧ロック茶「叫」（玄米入りほうじ茶）
■朝霧ヘビメタ茶「狂」（抹茶入りほうじ煎茶）
■朝霧J—POP茶「新」（抹茶入り煎茶）
■朝霧カントリー茶「朴」（抹茶入り棒茶）

これらのコンセプト茶をイベント会場で販売したところ、これまで毎年売れ残っていたものが見事完売し、商品売上げは前年比3倍増を実現しました。

それまで興味を示さなかった若者が買っていったことが大きな勝因でした。購入者の中には、「どうやって飲めばいいんですか?」という質問をする人もおり、リーフ茶を飲む習慣がなかった層に広がった証拠です。

▶販売時に使用したポスター

続く翌年の出店では、次の2商品を新シリーズとして追加し、土産用だけでなくイベントの参加者がその場でも飲めるような商品を発売し、好調な売れ行きとなりました。
■朝霧ソウル茶「魂」（粉末緑茶）
■朝霧ヒップホップ茶「踊」（水出しティーバッグ）
既成概念に捉われない斬新なリーフ茶は、大きな市場開拓の可能性を示しているのではないでしょうか。

戦略構築と発想のポイント

・売れない原因を分析し、対応策をつくり出す
・ターゲットを明確にし、商品コンセプトをつくり上げる

ケース5　農業生産法人・合同会社富士山ガーデンファームの場合

新規参入の農業で、どのように事業を展開すればいいかアドバイスを求めてきた

事業内容：野菜を中心とした農産物の栽培・生産、販売
創業：２００８年　家族経営
事業背景：代表の若月新一さんは、静岡県職員時代に農業の担い手の育成や耕作放棄地の解消に取り組む。２００８年定年退職直後、耕作放棄地の問題改善の想いから、裾野市で新規就農。県職員としての仕事とは勝手の違う農業に戸惑うことばかりだったが、それまでにない農業の創造という狙いを持ち、試行錯誤を繰り返していた。

◎最優先は消費者に認知してもらうための仕掛けづくり

富士山ガーデンファームは、代表である若月新一さんが県職員を定年退職し、知識のあった農業に新規就農する形で、２００８年5月に設立。若月さんは、それまでと勝手の異なる営農

に戸惑いを覚えつつも、従来にないタイプの農業形態を目指し、市民農園と観光農園というアイデアを温めていました。

しかし、若月さんにとってはまったく経験のない事業であり、今後どのように展開すればよいか分からず、f-Bizに相談にみえたのが始まりです。その際伺ったのが、市民農園と観光農園という2つの構想でした。

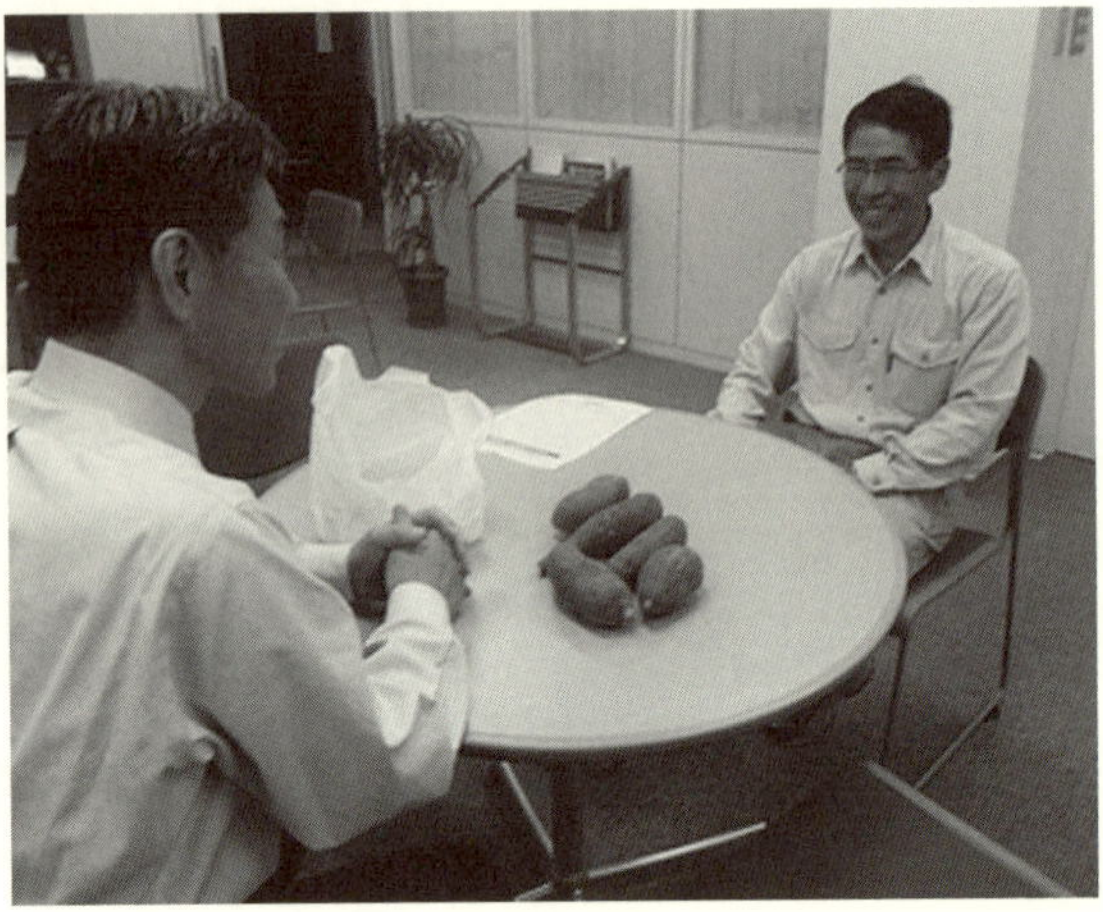
◀f-Bizでの相談の様子（右：若月代表）

富士山ガーデンファームは裾野市に計1・4ヘクタールの広い農園を持っています。同市は東名高速道路を走れば東京から1時間以内で到着する立地。近年、市民農園へのニーズが高まっており、交通の便の良さから首都圏をターゲットとした市民農園と、それに付随する観光農園も行うことを構想していました。

時代のトレンドを読んだアイデアだと思いましたが、まずはお客様に知ってもらうことが先決。農場で採れる作物の収穫体験をギフト化してはどうかと提案しました。近年、ギフト市場は多様化していて、物だけではなく体験をギフトとして贈るということが行われています。例えば、エステやリフレクソロジー等の施術を受けられるチケットを贈るといったようなことです。

市民農園で集客するための足がかりとして、体験、つまり観光農園をギフトとして販売することはうってつけではないかと発想したのです。

最初に取り組んだのは、ＰＲするためのパンレットの作成と、集客に大きな力を発揮する観光業者、例えば旅行会社や旅行代理店等にＤＭを打つことでした。

若月さんは事業を行うのが初めてで、特に営業に関する知識がなかったので、どのような商品をどのようなターゲットに売るべきか、また当該商品をどのようにＰＲしアプローチをすべきか、まさに「右も左も分からない」といった状態でした。

そこで、我々のスタッフが新商品企画から、ターゲット顧客の絞り込み、チラシの作成、販売チャネルの選定、ＤＭ対象先のピックアップ・送付まで、全面的にサポートを

▶農園の入り口

行うことに。そうした支援が功を奏し、現在では、はとバスやクラブツーリズムなど大手旅行会社との取引につながっています。

◎商品価値を高めるネーミングとパッケージングを

若月さんはその後、観光農園を運営する一方で、自身が栽培・収穫する、農産物の生産と販売にも力を入れていきます。

特徴的なのが、西洋野菜を中心にした珍しい品種の栽培。世界中で栽培されているあらゆる野菜の種を取り寄せて栽培し、安定的に収穫できる品種を選定。最初は150種類ほどの種を取り寄せて栽培し、現在では安定生産できる品種で70種類ほどに絞っています。

あるとき、ガーデンファームが手がける野菜が箱根の高級イタリアンレストラン「アルベルコバンブー」のシェフの目にとまりました。最初は料理の食材として納入していましたが、その品質が認められ、レストランで野菜を紹介されるようにもなるなど、大口顧客となっています。ほかにも、道の駅などでも稀少な野菜として注目され、売上げを伸ばしています。

若月さんがこうした珍しい野菜を栽培するようになったのは、新規参入者である自分が既存の農家と競争するには一般的に売られている野菜では難しいと考えたからです。ほかが栽培していないような品種の野菜を生産し、販売すれば差別化につながり、市場での活路が見出せる。また多品種を栽培することで、天候や害虫などに影響を受けやすい農作物のリスク分散につながると考えたのでした。

これは、f-Bizのサポートを受ける中で、企画・製造、販売を学び、若月さんが気づいたことです。

商品化をアドバイスする中で生まれた商品に、「世界のカラフルトマト　果宝（かほう）コレクション」があります。世界5カ国で古くから栽培されてきた珍しい品種のカラフルなトマトを7種類選び、宝石のようにギフトボックスに詰め合わせています。販売手段は、グルメ志向の強いこだわりの消費者に向けたサイトを作成し、ネット販売する方法をとりました。

我々は、商品価値を高めるためのネーミングとパッケージングについてアドバイスを行いました。

もともと、東京青山にあるトマト専門店「セレブ・デ・トマト」が女性を中心に人気を集めていて、こうした高級食品を支持する層がいることは認識していました。ただ、若月さんのトマトで大きく異なるのは、生産者本人が売っているということです。購入者は産地直送の鮮度や顔が見える安心感のもとで買うことができ、それが売りにもなっています。「果宝コレクション」は各方面からも注目され、全国から注文が殺到、生産待ちの人気商品となっています。

◀「世界のカラフルトマト　果宝コレクション」

このサポートの一方で、ソーシャルメディアを活用した情報発信も提案しました。若月さんは１９９０年代からパソコンに慣れ親しみ、当時からホームページを作成するなど、ＩＴに関する高い知識を持っています。

彼自身、ソーシャルメディアを使った販路開拓に関心が高かったこともあり、我々のスタッフであるＩＴの専門家に、ブログやツイッター、フェイスブックの連動による効果的な情報発信をきめ細かくサポートさせ、現在では、若月さんが自ら顧客開拓をしています。

その結果、ツイッターは１万２０００人以上、フェイスブックは４０００人以上のフォロワーを獲得。ツイッターを通じて有名レストランのシェフから注文が来るようになったほどです。

戦略構築と発想のポイント

・新商品企画から商品ＰＲの方法、事業の流れもレクチャーするなど、ビジネスが軌道に乗るよう継続的にサポート
・様々なサポートの中で、相談者に他者との差別化の重要性を気づかせる
・ソーシャルメディアなどターゲットに合わせて、コストのかからない集客方法をすすめる
・コンセプトを明確化して、ネーミングやパッケージにもこだわる

ケース6　株式会社大富の場合

主要取引先からの受注激減と低価格競争、自社の古い設備に先が見えず悩んでいた

事業内容：紙器の加工販売（主にダンボール箱の製造・販売）
創業：1974年　従業員：10人
事業背景：富士市内の中堅ダンボール箱加工販売業者である同社は、景気低迷から主要事業である業務用商品の売上げが激減していた。大手企業による低価格競争にもさらされる中、どのように活路を見出すか、頭を悩ませていた。

◎小ロット多品種のダンボールを必要とする市場はどこだ？

中小零細のダンボール製造業は現在、非常に厳しい状況下に置かれています。大手のダンボール製造会社は、大きな工場で性能の良い機械で大量生産を行うことにより低価格化を図っていますが、中小零細はその隙間を縫うように生き残るしかありません。

大富では、リーマンショック以降、工業製品向け商品の受注が激減。特に、自動車業界の縮小の影響を受け、売上げが大幅に落ち込んでいました。

増根好夫社長がｆ‐Ｂｉｚを訪れたときは、先行きがまったく見えない状況で、非常に険しい表情でした。初回の面談で、業況や中小企業ゆえの厳しさとともに、自社の状況を切々と説明されます。特に、設備が古く、大手のような大量生産は難しいことが自社の弱みであると認識されていました。

増根社長の苦悩ぶりがうかがわれましたが、ここは発想の転換が必要と、逆に大手に比べて同社ができることがあるはずだと考え、さらに仕事ぶりを伺っていきました。

私がピンときたのは、大手の使用している機械は大量生産向きで、小ロットで多品種には不向きだということ。セールスポイントにフォーカスが絞れた瞬間です。ただ、それをそのまま伝えただけでは、相手がピンときません。具体的に「こうしたらいける」という戦略を示せて初めてコンサルティングといえるのです。

そこで、「日本の現在の消費動向を考えてみましょう」と話を始めました。近年、右肩上がりで成長している世界があること。それが、ネットショッピングの世界であり、市場規模は7兆円超となっていること。ネットショッピングでは、小規模事業者や商店、個人が多く参画することができ、その手軽さから自らネットショップを立ち上げたり、オークションに出品した

◀f-Bizでの相談の様子
（右：増根社長）

りする人が増加していること。こうした小売動向の話から、同社事業である輸送用梱包材の話に移っていきました。

具体的には、こうしたネットショップでは商品のサイズが多種多様であり、例えば小さなものであったり、極端にいびつな形のものである場合、既成品のダンボールで梱包すると大きな隙間が生じ、新聞紙やエアー緩衝材などを入れてその隙間を埋めます。配送費は箱の大きさで決まるため、送る商品の大きさの割に高い輸送コストがかかります。さらに、個人のネットショップでは身近な新聞紙を緩衝材として使うことが多く、見た目も悪くなります。

一方、大富は昔ながらの設備を備えているため、熟練の職人が手作業でお客様の要望に合わせたサイズのダンボールを作成でき、しかもそんなに多くのダンボールを仕入れる必要のないところへは少量生産で対応できます。お客様の要望に合わせたダンボールを1つからでも受注し、生産できる体制を整備しています。

つまり、ネットショッピングの世界では、輸送コストや商品保護、見た目といった点で、一般的な規格サイズではないダンボールのニーズが高く、しかも少量注文を望むケースが多い。そうしたニーズに応えることができる。そこに大きなビジネスチャンスを見出したのです。

◎商品サイズに合った「ジャストフィットダンボール」

こうしたことを説明し、増根社長に気づきを促していきました。社長が考えていた弱みが実は強みであると分かった途端、社長の表情がパッと明るくなったのを今でも憶えています。

自分たちの未来に希望を見出し、やる気に火がついた増根社長に具体的な戦略として提案したのは、次の３つ。

・ネット通販を運営する事業者にターゲットを絞ること
・お客様に分かりやすく訴求力があるネーミングにすること
・お客様の対象がネット通販の事業者のため、ホームページによるＰＲと受注を行うこと

サービス名は「ジャストフィットダンボール」とし、商品サイズに合ったダンボールを１つから受注できる体制を整え、最短で翌日工場渡し、10枚以上は送料有料で全国発送も可能とし

ました。また、お客様に最適なダンボールを提案するサービスも加えました。

こうしたサービスはこれまでなかったことからメディアにも取り上げられ、広く多くの人たちに知られるところとなったのです。

その結果、およそ2年間で50～60件を受注。当初、個人や商店などからの依頼を想定していたのですが、法人からの注文もあり、今後は小ロット～中ロット規模の法人需要に対応するサービスの開発がテーマとなっています。

同社にもたらした変化は売上げ増だけではありませんでした。社内の雰囲気が大きく変わったのだそうです。以前は増根社長と同じように、従業員も後ろ向きの考えばかり持っていたものが、社員一人ひとりが「やればできるんだ」と奮い立ち、積極的に業務にあたるようになったのです。組織全体が活性化したことは、次なる取組みが生まれる布石につながっていきました。

◎ダンボール界のオートクチュール

それは、「ボードクチュール」というサービスです。

そもそも同社が試験的に行っていたサービスで、知り合いのフレンチレストランからギフト用の焼き菓子を入れる箱をつくってほしいという依頼から始まりました。デザインが凝っていて他にないこだわりの箱がほしいというリクエストを受けて、ダンボール紙の素材感を生かした両面波目のギフトボックスを作成しました。

▶ジャストフィットダンボールの商品例

一般的なダンボール紙は外側が平板で中側が波目ですが、これは2枚の片ダンボールの波目を外側にしてそれぞれが垂直になるように貼り合わせたもの。高度な技術を要し、熟練した職人がハンドメイドで作成します。特徴は耐久性が縦にも横にも高い一方で、ダンボールの素材感からナチュラルな風合いがあり、自然食品や天然化粧品といったこだわりの商品にマッチします。

独創性があることから、社長自身が「これはいけるんじゃないか」と自信があったようで、新たなサービスとして広く展開したいと、我々のもとに相談に来られました。

こだわりの商品を包むこだわりのパッケージ。希望のサイズに応じて生産する、いわばオーダーメイド製品であることをメッセージとして打ち出そうと、「ボードクチュール」と

◀ボードクチュールの商品例

命名。ダンボール界のオートクチュールという意味を込め、「ジャストフィットダンボール」の高級版として、新たな付加価値を持たせました。

こだわりの商品やギフト商品はパッケージに凝るため、そうしたニーズを持つお客様の目に止まるはずと目論んだところ、狙いどおり、あちこちから引合いがきているようです。

大富の場合は、ダンボールという特定の業者向けの商品であるにもかかわらず、誰にでも分かるネーミングにすることで、ＰＲ力を高め、広くお客様を集めることに成功。そもそもダンボールに名前が付いていること自体珍しく、意外性があり、他社との差別化を図っています。

この案件はＢｔｏＢではなくＢｔｏＣの発想に転換することで、集客が狙えるという好例といえます。

戦略構築と発想のポイント

・自社の弱みと相談者が頭を悩ませていることも、実は他にない強みであることもある
・ＢｔｏＢからＢｔｏＣ的発想で、ネーミングやコンセプトの立案を行う

第3章

プロのコンサル力がつく簡単トレーニング

1. 支援者に一番求められる資質「ビジネスセンス」とは

◎結果の出せる企業支援家が少なすぎる

私は、厳しい経済状況に置かれている中小企業がどうしたら活性化するか、企業力を強化させるための方策を考える経済産業省「中小企業政策審議会」の「企業力強化部会」をはじめ、中小企業支援を目的とした様々な官公庁の委員を務めています。そういう場や、金融機関などから講演の依頼を受けたときに、繰り返しお伝えしていることがあります。

国も金融機関も中小企業支援に取り組んではいるものの、残念ながら期待するような成果は現れていないこと。その一番の原因は、「支援者の人材不足」にあるという点です。人材不足といっても、人数が不足しているのではなく、支援者に求められる資質を兼ね備えた人材が少なすぎると見ています。ですから、中小企業の活性化を実現するための喫緊の課題は、「成果の出せる支援者の育成」にあるということを強く指摘しているのです。

本章では、支援者に求められる資質とは何か。どうしたらその資質を身につけることができるかを考えてみたいと思います。

◎ビジネスセンスとは「ひらめき力」

これまでの経験から、結果の出せる企業支援家に必要な資質とは、「ビジネスセンス」「コミュニケーション力」、そして「情熱」の3つだと考えています。いずれも抽象的で、どんな資質か分かりにくいと思うので、それぞれにどんなスキルか具体的に説明していきましょう。

3つの資質の中で、最も重要なのは「ビジネスセンス」です。

ビジネスセンスとは、「知恵」とか「気づき」にも近いもので、相談者の抱える真のニーズを引き出し、相手に自覚させたうえで、その相談者とともにセールスポイントや経営課題を見出し、成果・解決に結びつけられる能力をいいます。特に、経済状況がかつてないほど冷え込んでいる今日、「販路開拓」「新商品・新サービス開発」「新分野進出」という売上げアップにつながる方策を実践するにあたり、カネをかけずに実現することほど重要な課題はありません。

その「知恵」の源になるのが、ビジネスセンスなのです。

例えば、第1章で紹介したパン屋の「ベッカライ・ヤキチ」と、ドラッカーの主婦勉強会をマッチングさせたケース。売上げ不振を打破する突破口に、なぜ主婦グループを結びつけようと思いついたのか。客足が芳しくなく、停滞する空気に新風を吹き込むには、新しいサービスを投入すべきだという考えはありました。しかし単なる新サービスでは、せっかく開発したところで認知されなければ埋もれてしまうだろうという懸念がありました。何か、ユニークな、話題性のあるもの、ニュースになりそうな状況をつくらなければ……そう発想したときにピンときたのが、ドラッカーの『マネジメント』を勉強している主婦グループがいるという情報でした。ビジネスセンスを磨き、常に感度が高ければ、こうしたときに勘が働き、「これだ！」と頭の中の電球がピカリと光るのですが、センスがないと、ただの情報としてスルーしてしまいます。

単に知識を詰め込むだけでは、こうした「ひらめき」の感度を上げることは難しいでしょう。コンサルティングのノウハウやマーケティングの理論など、どんなに専門的な知識があっても、知識から知恵が生まれなければビジネスに結びつかないのです。

◎「なぜ？」と常に問うことで知恵が生まれる

どうしたら知恵が生まれるか。ひらめき体質をつくるには、普段からビジネスや経済に限らず、様々な情報をチェックし、「なぜ？」「どうして？」「どういうことだろう？」と問い、考えを深めるクセをつける必要があります。テレビや新聞、雑誌などのメディアからの情報だけでなく、街を歩いているとき、電車に乗っているとき、買い物をしているとき、外食をしているときなど、あらゆる場面で目に飛び込むもの、耳に入ってくるものを敏感にキャッチし、その背景や理由、仕組みを考えてみるのです。

情報をキャッチするときのポイントは、一見ビジネスに関係なさそうなものでも切り捨てず

に、関心を持って分析することです。

例えば、同じく第1章で紹介した「スポーツ弁当」が生まれるきっかけになったのは、私が「スポーツ栄養士」という存在に関心を持っていたからです。プロスポーツ選手の間で、栄養管理が重要との発想から、スポーツ専門の栄養士を専属でつけることが増えているというのを、スポーツ雑誌で読んだことが記憶に残っており、ビジネスとはまったく関係のないジャンルですが、1つのトレンドとしてインプットされていたのです。

このように情報は選り分けず、雑食であればあるほど、思いがけない化学反応を起こす可能性が広がります。

◎ビジネスセンスにつながる「強み」「課題」「アイデア」

ビジネスセンスとは、セールスポイント（強み）を見出すことだと述べましたが、それだけではありません。その対極にある「課題の発見」、リスクを最小限に抑えて成果を上げるための「アイデアの発想」もビジネスセンスの1つです。

強みを発見するときのポイントは、大きく分けて次の3つが考えられます。

①ほかにない、オンリーワンの部分を見つける

②３６０度全方位の視点で見ることで、弱みと思い込んでいたものや、当たり前と考えていたものから「強み」に転換できるものはないか探る
③自分だったらその商品・サービスを利用したいかどうか、その理由は何かを考える

また、課題を発見するときのポイントは、次の３つの視点が大事です。

①「強み」が明確になっているか。曖昧では埋もれてしまう
②ターゲットは適切か。間違ったターゲットに向かっていては売れるものも売れない
③セールスポイントがきちんと伝わっているか

そして、アイデアを発想するときのポイントは、次の3点が必須です。

①トレンドやニーズを押さえ、強みを活かす方法を考える
②現実的で、確実に一歩踏み出せるアイデアを見つける
③リスクを最小限に抑えてチャレンジできる方法は何か

このように「ビジネスセンス」には、強みと課題を見出す力と、最小限のリスク、短期間で成果を上げるアイデアを生み出す力が必要なのです。

2. ビジネスセンスはこんなトレーニングで伸ばせる！

◎ビジネスセンスは自分で磨くもの

私が「企業支援にはビジネスセンスが大事です」と言うと、「それは小出さんだからできる発想であって、自分たちには無理じゃないでしょうか」と否定されてしまうことがあります。確かに、「センス」というと、持って生まれたものというイメージが強いかもしれませんが、私が考える「ビジネスセンス」は、どんな人でも日々の意識次第で磨かれるものです。私自身、最初は試行錯誤の連続で、そう簡単にセールスポイントを見出したり、ビジネスマッチングの発想が持てなかったりしたものです。

そんな自分が、短時間で相手の強みや課題を見出し、成果につながるアイデアを提供できるようになったのは、常にビジネスセンスを磨く努力を怠らず、継続してきたからにほかなりません。

では、ビジネスセンスを磨くにはどうしたらいいか。私が実践しているのは、呼吸をするように情報を収集することです。

どこかにビジネスに結びつく種はないかな？　という意識ではなく、ありとあらゆる情報や目に飛び込んでくるものの中から、「面白い」「ユニークだ」「新しい」「えっ、何これ？」と直感で感じた心の動きを大事にしています。ビジネス、ビジネスと枠をはめてしまうと、自分の意識に入ってくる情報がありきたりのものになってしまいがちで、新鮮な発想や、ひらめきは生まれません。「何か面白いことはないかな」という意識は必要ですが、そのときに自分のアンテナにひっかかるモノ、コト、ヒトへの関心を何よりも大切にしているのです。

◎コンビニに並ぶ商品でトレーニング

ある日、コンビニに飲み物を買いに立ち寄ったとき、トマトの炭酸飲料「トマッシュ」（発売元・カゴメ）を発見して驚きました。「トマトに炭酸？」と最初は単純にその思いがけないマッチングに興味を持ったのです。この、「何だろう、これ？」という感覚が大事です。

普通の人の感覚では、買い物目的でお店に入ったら、目的の商品にしか意識が向かないでしょう。しかし、私にとってコンビニは、買い物をする場であるとともに、あらゆる企業の主力商品、売り込みたい新商品が並ぶ、いわばショールームです。ですから時折、コンビニの棚をざっと見て歩くと、それだけでも世の中のトレンドが見えてきます。そういう視点でコンビニを「見る」ことができるかどうか。ビジネスセンスを磨く、手軽なトレーニング方法です。そうやって日常の中で、小さな気づきや発見をどんどん増やしていくことが大事です。

そして、自分がピンときたものに出会ったら「何だろう?」「面白いな」で終わりにせず、なぜ自分がそう感じたのか、どこに魅力があるのか、どんな人が買うのか、企業はなぜこの時期に、この商品・サービスを売り出したのか、狙いは? といったことを掘り下げて考え、納得いくところまで調べるのです。

トマトジュースというと、ドロドロのイメージが強く、野菜不足を気にする層がメインターゲットでした。ところが、期間限定発売の「トマッシュ」は、缶のデザインもすっきり爽やかなイメージで、若い女性が好みそうな印象を持ちました。カゴメのサイトのニュースリリースの商品説明を見ると、やはりターゲットは20~30代の男女を狙っているようです。「トマトリコピン」「1日分のビタミンC」と成分をうたっているところから、健康志向の層にも訴求し、かつ、ロゼワインのような透明感のある色合いでパーティーなどにも喜ばれそうな仕上がりだなと感じました。

カゴメといえば、「トマトジュース」や「トマトケチャップ」などのトマト製品が主力商品。

この「トマッシュ」は、カゴメの命ともいえるトマトを使って、若い層に〝おしゃれなトマト炭酸飲料〟という新たなカテゴリーを提案しようという試みだったのでしょう。

――と、こんな具合に、自分のアンテナにひっかかったモノ、コト、ヒトに対して、深く掘り下げ、トレンドをつかみ、企業の狙いや、消費者の顔をイメージする。こうした分析を日々、ことあるごとに繰り返し行うことで、様々なビジネスヒントが蓄積され、前述した「強みと課題の発見」「アイデアの発想」が磨かれていくのです。

◎相手が気づいていない本質を見出すために

コンサルタントにとって、一番求められるスキルは、お客様が気づいていない本質を気づかせることにあります。自覚があれば、自分たちでそこにテコ入れができますが、重要な点なのに気づいていなければ、事業を良い方向に動かすのは不可能です。

コンサルタントの役目は、相談者のセールスポイントや課題を見出し、相手に自覚させ、そして流れを変え、結果を生み出すことにあります。相手に気づきを促す、その原点がビジネスセンスなのです。顕在化されている状況だけを見ていても、物事の本質や課題は見えてきません。むしろ、潜在化されたものの中にこそ、本質が隠れていることが多々あります。だから、相手が無意識だったり、当然と思っていることの中に本質があるかもしれないと考えることが大切です。

例えば、富士市の隣、富士宮市でB級ご当地グルメとして大ヒットし、全国にその名を知られるようになった「富士宮やきそば」のケースで考えてみます。

名前を聞いたことがあるという人は多いと思いますが、富士宮やきそばがブレイクしたきっかけは、テレビで「富士宮には変わったやきそばがあって、そのやきそばを調査する『富士宮やきそば学会』という団体があるらしい」と紹介されたことでした。

やきそばという庶民的な食べ物に、「学会」という堅いイメージのギャップが面白く、マスコミがこぞって富士宮やきそばを取り上げ、全国から富士宮やきそばを求めてくる観光客が殺到するようになったのです。

その後も、「やきそばG麺」「麺財符」などオヤジギャグを連発したプロモーション戦略が当たり、B‐1グランプリ（全国のB級ご当地グルメの祭典）で連続優勝する、2011年にはニューヨークに進出するなど、常に話題を振りまいています。

富士宮やきそばがここまで有名になったのは、偶然ではありません。仕掛け人であり、富士宮やきそば学会の会長、渡辺英彦氏の計算し尽くされた戦略です。しかもカネをほとんど使わずにイベントを開催し、メディアに取り上げられています。理想的なビジネスモデルであり、センスの塊だと思いました。表面的に見れば、オヤジギャグで面白おかしく宣伝しているだけに見えますが、その裏には渡辺氏の抜群のビジネスセンスが光っている。「すごい！」と純粋に感心しました。

このように、起きている現象だけをなぞるのではなく、その本質は何なのか、なぜ？　どうして？　と深く考察すること。全国各地にＢ級グルメといわれる食べ物はごまんとあるのに、なぜ富士宮やきそばだけが爆発的なヒットにつながったのか。そういう視点で、様々な事象を見て、考えられるかどうか。人が気づいていない本質を見抜くためには、こうした洞察力が欠かせないのです。

◎ＡＫＢ48のビジネスモデルを考えてみよう

考察するのは、何もビジネスの世界にあるものだけではありません。人気のアイドル、世界的なアーチストなど、世の中のトレンドにも広く目を向けています。

例えば、今や国民的アイドルとなった「ＡＫＢ48」。ビジネスにはまったく関係ないと思われるかもしれませんが、彼女たちのヒットの裏には、秋元康というプロデューサーの存在があり、ヒットメーカーの秋元氏のビジネス戦略によって、ＡＫＢ48のヒットはつくられています。

アイドルといえども、視点を変えればビッグビジネスです。私はＡＫＢ48がデビューしたての頃から、今までのアイドルとまったく違うコンセプトの売り出し方に、「これはどういう戦略なんだろう?」と興味を持ってウォッチしていました。

あるとき、秋元氏がテレビか何かで、「ＡＫＢ48のビジネスモデルがうまくいったら、世界中どこでも同じパッケージで売れる」というようなことを言っていて、なるほどと思いました。

これまでアイドルというのは、手の届かない遠い存在でした。それが秋葉原に行けば、毎日会える。直接触れられる身近な距離感と、個でなく集団で売る戦略が成功し、ヒットにつながった。手の届くところにスターを置き、メンバーの人気投票や、ＣＤに参加できる選抜メンバーをファンの投票で決定するなど、徹底したファン参加型の仕掛けによってムーブメントを起こし、システム化する。秋元氏は、これまでにない、まったく新しいビジネスモデルを構築し、それを世界的に横展開させようという目論見を持っている。さすがにヒットメーカーの生み出す戦略は違います。

ここでは、ＡＫＢ48をビジネスの視点から検証した流れを簡単にまとめて紹介しましたが、こうした発想で、人気のタレントやアーチスト、高視聴率のテレビ番組など身近なケースで同様に考察してみてください。ビジネスセンスを鍛えるトレーニングになります。

1つだけ例を挙げます。ＮＨＫの人気番組『プロフェッショナル　仕事の流儀』。２００６

年1月にレギュラー番組として始まった第1回は、星野リゾートの星野佳路氏がゲストでした。その後、毎回様々な分野のプロフェッショナルが登場していますが、２０１０年頃から少しずつ傾向が変わってきたなと感じました。

私がその変化を感じたのは、２０１１年11月にプロサッカー選手の本田圭佑氏が登場したときです。２０１０年8月にザッケローニ氏が日本代表の監督になってから、より日本のプロサッカーは目覚ましい飛躍を遂げており、番組プロデューサーはそこに新しい潮流やメッセージを感じたのではないか。しかも、昔の『プロフェッショナル』では、プロスポーツ選手といえばイチローや三浦知良、北島康介など世界的に評価の高いトップ中のトップ選手しか出ていなかった。そこに本田という、まだ若く発展途上の選手を起用した。評価が定着しておらず、未知数なうえに、本田はどこか異端というイメージもあります。そういう人物をＮＨＫが選択したことに、新しい流れを感じたのです。このように、１つのテレビ番組からでも、深掘りすることで様々な気づきや学びを得られるのです。

3. 今日からできるビジネスセンスの磨き方

◎新商品情報をもとにシミュレーションする

ここでは、今すぐに実践できるビジネスセンスアップトレーニングを紹介します。

先ほど、「コンビニの棚をビジネスセンスを磨く場として捉え、商品の背景やトレンド、消費者の反応などを考察せよ」と述べました。具体的にどう行うかというと、その商品について、次のようなポイントを自分なりにシミュレーションしてみるのです。

・なぜこの商品・サービスを発売したのか
・世の中のトレンドとの関係はどうなっているのか
・なぜこの時期に発売したのか
・どんな層をターゲットにして開発したのか
・他製品と比較してどんな特徴があるのか

・買った人はどんなシーンで使うのか

こうしたことを事前に考えながら、企業のホームページや商品のニュースリリース情報などをチェックし、狙いや商品戦略への理解を深めます。

そして、自分で考えたことについて、人と意見交換することも大事。自分でも想像しなかった考えや切り口を見出す可能性が広がります。

◎ビジネスの成功事例を集めておく

日々の情報収集において、様々な分野のビジネスの成功事例を集めておくと役立ちます。アイデアを生み出すきっかけになったり、相談者に具体例として挙げることによって、より分かりやすい説明につながるのです。ストックする成功事例はどんなケースでもかまいません。

例えば、ｉＰｈｏｎｅの成功からアップルの戦略を探ってみる、ディズニーランドはなぜリピーターが後を絶たないのか、オリエンタルランドの戦略を考えてみる……というように、様々な企業の成功要因を分析し、いくつかのパターンに分類しておけば、自分の知識の整理にもなりますし、実際のコンサルティング業務に役立ちます。

私の場合は頭の中に様々なケースがインプットされていますが、経験の少ないうちは、様々なビジネスの成功事例を分析したファイルを自分でつくって持っておくといいでしょう。強みを活かしながら、ターゲットを変えることでうまくいった事例や、ネーミングを変えることで売上げ増につなげた事例など、ヒントになりそうな情報をどんどんストックしておくのです。

4. コミュニケーションに必要な3つの力

◎コミュニケーションは信頼構築から始まる

ビジネスを支援するコンサルタントに求められる力の2つ目は、「コミュニケーション力」です。どんなにビジネスセンスを磨いたとしても、相手と上手に意思疎通を図ることができなければ、アイデアを提案することも、事業を進めることもできません。

コミュニケーションの範囲は広く、大きく「聞く」ことと「伝える」ことに分けられます。我々コンサルタントに求められるスキルとしては、次の3つのコミュニケーション力が必要だと考えます。

①信頼構築のための「聞き出す力」
②相互理解のための「質問力」
③行動を促すための「伝える力」

それぞれ、具体的にどのようなスキルか相談対応のシーンを想定して考えてみましょう。

まず、「聞き出す力」です。我々コンサルタントは、相手が気づいていない強みや課題を会話の中で引き出すほか、人と人、組織と組織を結びつけ新しいビジネスをコーディネートするのが仕事です。企業や起業家などから相談を受けたときは、相手の置かれている状況を正確につかみ、何を求めているか、何に困っているか、どんな目標を持っているか……といった本質的な部分を、限られた時間の中で聞き出さなければなりません。

こうした情報をいかに聞き出せるか、それがコミュニケーションのファーストステップで求められる「聞き出す力」です。

相手に胸襟を開いて話してもらえるようになるには、「この人なら信頼できそうだ」「この人に話したら何か変わるかもしれない」という信頼感を持ってもらわなければなりません。

人はどういうときに相手を信頼すると思いますか？　私が初回の面談時に意識しているのは、基本は「教えてください」という姿勢で相手が答えやすい質問をいくつか投げかけ、場を温め、話しやすい雰囲気をつくることです。それが次のステップ、「質問力」になります。

「どんな仕事の流れになっているか教えてください」「この事業が始まったきっかけはどういう経緯だったのですか？」「営業はどのように行っているのですか？」「宣伝活動は何かされていますか？」といった具合に聞いていき、相手の反応を見ながら、乗ってきたテーマをさらに深める質問をしたり、関心を示したことに関してこちらから情報を提供するなどを繰り返すうちに、だんだん話が弾むようになります。中でも、相手企業の事業内容に関する自分の知識を少し挟むと、「この人は分かってくれている」と相手を安心させ、信頼につながりやすくなります。最初の10分で、相手の心をつかみ「この人は話しやすい」と思ってもらえたら会話の導入としては成功と考えていいでしょう。

同時に、様々な角度から質問していく中で、相手が抱えている課題や、どんな自負を持って仕事に取り組んでいるか、どこに強みがあり、どうしたら強みを最大限に活かせるか、どうしたいと思っているかなどを聞き出しながら、相互理解と情報共有を深めます。

◎行動を促すための「伝える力」

相手に信頼され、相手のニーズを見極めることができたら、次のステップに進みます。聞き出した情報をもとに、こちらが考えたことを効果的に伝え、行動を促す段階です。それが「伝える力」です。

どんなに、相談者の強みや課題が明確になっても、それを相手に話して理解してもらえなければ、当然その先の戦略の理解や実際の行動にはつながりません。また、こちらの意欲や積極性をうまく伝えることができなければ、相手の心を動かし、行動につなげることができないのです。

「伝える」というのは、最終的に相手に納得してもらってはじめて成り立ちます。「伝える」のですが、相手にとっては「伝わった」と思ってもらうことがゴールなのです。「伝える」が「伝わる」に変わるために絶対にやってはいけないことがあります。相手の反応を無視して一方的に話す、話を遮る、否定的なことを言う……つまり、相手の思いや希望を無視し、自分の考えを押しつけるような話し方です。これでは伝わるものも伝わりません。

こちらの意図する方向で物事を進めていくためには、相手に理解し納得してもらうことを意識して、分かりやすく、丁寧に、相手の反応を見ながら、伝えることが大事です。「伝える力」とは、このように相手の納得を引き出し、行動につなげていく力のことをいうのです。

◎会話のイニシアチブを握る

コンサルティングの現場では、「会話のイニシアチブを握り、会話をコントロール」する能力も求められます。相手のペースになってしまうと、限られた時間の中で聞きたいことを聞き出すことができず、伝えたいことも伝えられなくなってしまいます。

ただし、イニシアチブを握るというのは、自分が主導で話すことではありません。相手の真のニーズを引き出すための面談ですから、むしろ7割は相手の話を引き出すことに主軸を置きます。このときに、相手が一方的に好きなことを話すのではなく、自分が聞きたいこと、必要な情報を引き出せるような質問を投げかけ、会話を誘導することが大事。要するに、会話の舵は自分が握り、意図する方向へコントロールするのです。

例えば、業績不振に悩む経営者は最初、「何をやっても悪くなるばかりで、コスト削減をしたり人員整理をしたりと、努力してはいるのですが……」などとネガティブなことばかり並べ立て、ため息をつくような状態が多いものです。そんなときに、「どんな事業をされているのですか？」「どういう得意先があるのですか？」などと質問しながら、相手の話を集中して聞く中で、「ここがセールスポイントだ！」という点にぶつかったら、すかさず「それはすごいことですよ！」と水を向けるのです。

すると、多くの場合「え？　自分たちは当たり前と思っていたようなことが売りになるんですか？」とハッとした表情をします。そのときがチャンスです。相手がこちらの話を聞きたいと扉を開いた瞬間だからです。そこで「伝える力」を駆使し、自分が感じた強みを業界他社の取組みなどと比較しながら説明し、相手のやる気を高め、挑戦しようという意欲に拍車をかけていくのです。

5. 相手の心をつかむコミュニケーション力とは

◎まず相手をリスペクトすることから始める

ところで、相手から話を「聞き出す」には、相手に安心感を与えることが肝要です。前述したように、「この人なら安心して話ができる」と思ってもらえるからこそ、深い話を聞き出すことができるのです。

相手に安心感をもってもらうため、私が心がけているのは、相手がチャレンジしようとしていることに対してリスペクトの念を持って接すること。ビジネスコンサルタントには絶対的に必要な姿勢です。

我々が日々向き合っているのは、会社を経営しビジネスを展開している人や、これから起業を考えている人たちです。会社の大小に関係なく、彼らは自分たちの保有する技術やアイデア、販売力などで挑戦し続けています。その挑戦に対して、敬意を示すこと。リスペクトすること。

そうした想いは、相手に伝わるものです。そして、安心感を与え、相手の心を開かせます。

どんな事業を展開しているか、どこにオリジナリティがあるか、どんな想いで取り組んでいるのか、今後どんな展開を展望しているのか……など、相手のビジネスについて聞いていく中で、自分が「すごいな」「面白いな」と感じる要素があれば、率直にその気持ちを相手に伝えます。

私は「どんな企業にも、人にも、必ずセールスポイントがある」というスタンスで相手の話

を聞いていますが、そういう意識でいると、どんなに平凡に見える事業でも、売上げ不振で青息吐息の企業でも、「すごい！」と思うポイントが必ずあります。

そのときすかさず、「社長、御社のそのサービスはどこもやっていないんじゃないですか？それこそが強みですよ！」「すごい技術ですね！　ちゃんとアピールすれば必ず売れますよ！」などと心をこめて伝えることが大事。どこがすごいのか、面白いと感じたのかを具体的に指摘するのです。

我々のもとに訪れる人たちは、みな何かしらの課題や悩みを抱えています。売上げ不振が長く続いたり、事業展開が思うようにいかないなど、ネガティブな状況の中にあると、人は本来持っている自信やモチベーションが覆い隠されてしまいがちです。そうした状況にある相手に、事業への情熱やモチベーションを取り戻してもらうためにも、面談のできるだけ早いタイミングで相談企業の良いところを指摘するよう心がけているのです。

「そうだ、自分たちには他社が真似できない強みがあるのだ」と思うと、人は「もっと頑張ろう！」「まだまだやれる！」というモチベーションが高まります。そうすると、我々の話にも前向きになってくれ、相手から有益な情報を聞き出しやすくなるのです。

◎話しやすい「場」をつくるコツ

相手に、いかにして同じテーブルについてもらうか。初対面の相手であれば、なおのこと、「場」づくりが重要です。「場」をつくるのは、周到な準備から始まります。

相談企業の事業内容、売上げ規模、従業員数、主力製品、取引先、社長がどんな人物かなど、その企業のホームページなどから集められるだけの情報収集をします。そのうえで、どんな課題を抱えていて、どうしたいと考えているか、相手のニーズを想定し、それをもとに相手が関心を示しそうな質問や話題を投げかける。いわゆる「つかみ」で、相手の心をつかみ、面談に対してぐっと前向きな気持ちにさせる秘訣です。

どんな話題、質問をすれば、相手に関心を持ってもらえるか。これは千差万別ではありますが、相手の業種によってある程度、想定できるテーマがあります。

経済状況が冷え込んでいる現在、業種にかかわらず多くの企業が抱える悩みは、「思うように売上げが伸びない」ということでしょう。そういう状況の中、例えば相手が小売業だとします。「モノが売れなくて困っている」という課題に対し、どういう話題を切り出せば相手が関心を示すでしょうか。

売上げを増やしたい。どうしたら現状を打破できるだろう……と思っている相手に対して効果的なのは、相談企業の事業内容と似たような企業で成功している事例を紹介することです。しかも、相談企業がある場所と同じような地域で、同じような経営環境で、ユニークなビジネスで売上げを伸ばしている具体的な事例を出すことで、相手はぐっと聞く耳を持ってくれるようになります。したがって、事前準備の段階で、相談企業と同じような環境、同じような業種や規模の成功事例を情報として仕入れておくことが大事だということです。

ただ気をつけたいのは、面談の最初にいきなりそんな話をするのは唐突すぎます。相手の関心を引き出すうえで「つかみ」は重要ですが、そのタイミングを間違うと相手の反感を招きかねません。どうしたら良い流れをつくれるか、常に相手の反応を見ながら対応を変える必要があります。

良い流れ、話しやすい「場」をつくるうえで意識したいのは、相手に対して「私はあなたのことを真剣に考えています」という姿勢を見せること。そして、「どうしたら御社が良い方向に向かえるか、この面談はそのための場です」という想いが伝わるメッセージを送ることです。そして、「私は御社のことを理解したいと思っています。どんな仕事ぶりなのか教えてください」と率直に伝えてみるといいでしょう。こうしたやりとりで、相手に「自分もあなたと同じ場所に立ち、一緒に解決策を探りたいと思っている」というメッセージが伝わるはずです。

◎言葉以外のコミュニケーションも大事

人は、言葉以外のところでも相手のことを見ています。目線、姿勢、身ぶりなどから、「この人は自分に対してどういうスタンスでいるのか」「関心があるのか、ないのか。一生懸命なのか、そうではないのか」といったことを読み取ろうとします。

よく、トップセールスマンは話し上手なのではなく、むしろ聞き上手だといわれます。一方的にセールストークをするのではなく、顧客から絶対的な信頼を獲得し、様々な情報を引き出すことができている。だから、どんな提案をすれば相手の心を動かせるかが分かっているのです。

彼らは、相手が安心して話せるように、きめ細やかな配慮をしています。言葉以外のコミュニケーションを意識しているのもその1つです。我々コンサルタントも同じように、相手の信頼を獲得するために、どんな姿勢で話を聞けば、相手が心地良いと感じるか、話したいと思うか、相手の様子をうかがいながら配慮する必要があります。

基本的な姿勢として、相手の目を見て話を聞くこと。ずっと見つめているとプレッシャーに感じてしまいますから、時折視線を外しながら、大事なことに触れたときはしっかりとアイコンタクトをとることが大事です。そして、テーブルを挟んで座っているときは、体を少し前傾させ、身を乗り出すようにして話を聞きます。相手に関心を持っていること、ぜひ話を聞かせてくださいという姿勢を示すのです。

また、話を聞きながら、タイミング良く「うなずき」や「相づち」を使うと効果的です。自分が相手の話を理解し、同意していることを伝えるのです。話の本質に触れたときには、「よく分かります」「なるほど」などと相づちを打つことで、「この人は自分のことを理解してくれている」と感じ、さらに深い会話につながりやすくなります。

このようにして、相手との信頼関係をつくりあげ、次の「伝える」ステップに向かうのです。

◎「伝える」とは相手に自ら気づかせること

相手から信頼され、話を聞き出すことができ、セールスポイントや課題が明確になったら、いよいよ、こちらからの提案を伝える段階になります。そのときに、相手の心を動かし、アクションを起こしてもらうためには、「伝える力」が必要になります。

ポイントは、一方的に指摘したり提案したりするのではなく、相手が自ら気づくように仕向けることです。自分で気づくことにより、こちらの提案を納得して積極的に取り組んでもらいやすくなります。

相手に気づきを与えるために、相談企業と同じような事業を展開し、成功している事例を紹介することがあります。例えば、製造業で大手メーカーの下請けを行っている中小企業は、大手企業の製造部門が安価なコストでできるアジアなどに進出することによって従来の仕事が減少してしまい、厳しい状況に迫られています。

そのような企業の相談に対して、私だったら、金属製試作品の製造・加工を行う司技研（富

士市）が、独自の技術とサービスで業績不振から抜け出したという事例を紹介します。同社は、年々売上げがダウンし、先行きの見通しが立たない状況だったのですが、高い技術力をベースにしたスピード納品、他社が真似できないサービスを実現することで見事にV字回復を果たしました。

このように、紹介事例に挙げる企業がどんな課題を抱えていて、どうやって解決し成功につなげたかを詳しく説明するのです。すると、相手は自分たちと同じような状況でも打開策はあるという現実を目の当たりにし、勇気づけられるとともに、自分たちの課題を明確に把握し、解決策のヒントを見出すことにつながるのです。

◎ネガティブなことを伝えるときは細心の注意を払う

相手企業の良いところを見出し、セールスポイントや強みを指摘する、ほめることがビジネスコンサルタントの基本姿勢ではありますが、課題をクリアするために、相手の問題点を指摘しなければならない場面が必ずあります。そのときの伝え方、言葉の言い回しには、十分な配慮が必要です。

ネガティブなことほど、言葉を選ばなければならないのです。相手の自信を失わせるような言い方は絶対にしてはいけません。どんなにやる気のある人でも、マイナス面ばかり指摘されれば、自信を失い、チャレンジする気持ちを失ってしまいます。ですから私は、どういう伝え方をすれば、相手が自信を持てるか、ネガティブなことでも自分や事業そのものを否定されたと思わずに済むか……ということを常に考えながら、言葉を探しています。

企業支援者の役目は、相手のモチベーションを高め、チャレンジ意欲に火をつけることにあります。ですから、相手の課題を指摘するときも「御社のこの部分が業績不振の原因です」などと直接的な言い方は絶対にしてはいけません。「確かに今は売上げが落ち込んでいますが、それは製品の魅力がうまく消費者にアピールできていないのが原因と思われます。どうしたらターゲットに訴求するＰＲができるか、一緒に考えましょう」というように、課題とともに「強み」や「売り」の要素を指摘しながら、指摘するだけでなく、どうしたら解決できるか、ともに考える姿勢を伝えるのです。

こうすることで、相手のモチベーションを下げることなく、課題を見出し、それを解決するためのチャレンジに意欲を示してくれるはずです。

6. ビジネスをサポートするには情熱を持ち続けることが重要

◎情熱には相手の心を動かし、行動につなげる力がある

ビジネスコンサルタントに求められる3つの能力の最後は、「情熱」です。私が大事にしている情熱とは、自分がどれだけこの仕事に人生を賭けて真剣に取り組んでいるか、その「熱」を相手に伝えることです。

この仕事を目指している人や、f‐Bizのスタッフに私が最初に問うのは、「自分の人生を賭けてこの仕事に取り組む意気込みはあるか?」ということです。それは、その人の職業観や社会観を根底から構築し直す作業でもあります。

金融機関の中にいると、支援企業に対して、お金を「貸してやっている」という上から目線になりがちです。それでは、経営的な数字など表面的なところでしか相手を見ることができません。支援者本来の役割である、どうやって相談者の強みを見出すか、その強みを発揮するに

は何をすべきかといったことが、すっぽり抜け落ちてしまいます。

無意識にしても、そういう思考回路に陥っている人に対しては、一度その考え方を全面否定させ、コンサルタントとして備えるべき「情熱」とは何かを叩き込むのです。

厳しい経営状況にある企業を支援することは、生半可な姿勢では不可能ですし、相手からの信頼を得ることもできません。金融機関では、入社すると同時に就業規則やマニュアルが与えられ、仕事の目標も段階ごとに自動的に与えられます。そういう環境の中で働いていると、私自身もかつてはそうだったように、それらをクリアすることが仕事だと思いがちです。

しかし、それは単なる「作業」に過ぎません。本来、仕事はもっとクリエイティブです。自分の考えや意志に基づいて行動する。目標や課題も自分自身で設定し、それを達成するための方法を自分で考え、試行錯誤し学びながら経験を重ね、クリアしていくのが本来の仕事です。まず、そういう意識で仕事に向き合えるかどうか。それが「情熱」の源になります。

地域金融機関は「地域のために役立つこと」が役割であり、経営理念などに必ず示されているはずです。しかし実際には、地域の中小企業や商店経営者、起業家などの成功を最優先にしているかというと、自行の利益優先になってしまっているような気がします。

本気で地域のために考え、行動できるか。そこに迷いがあっては、厳しいことを言うようですが、この仕事をやり続けることはできません。私自身は、自分が身を置いている富士市のために、地域で活動する人たちをサポートし、地域全体を活性化させることを自分の使命として捉え、「地域のために」を信念に行動しています。

こうした情熱が常に胸の中で燃え続けているからこそ、この仕事に対して高いモチベーションを持って取り組めるのです。そして、情熱は相手に伝播します。「この人がこんなに熱心に自分たちのことを考えているのだから、自分も頑張らなくては」と相談者に感じさせ、彼らのモチベーションを引き上げることさえもできます。「情熱」には、相手の心を揺さぶり、行動を起こさせる力があるのです。

◎どうやったら「情熱」を持てるようになるか

情熱は「持て」と言われて持てるものではありません。自分の内側からふつふつと湧いてくるものです。私の場合、すでに述べたように、静岡銀行という組織で働いていた時代は現在とまったく異なる価値観、職業観でした。与えられた課題をいかに合理的に効率良くクリアするか。余計な労力は使わずに、それさえやっていればいいとさえ考えていました。それが、たくさんの名もなきチャレンジャーたちに出会い、彼らの挑戦する姿、苦労を厭わない行動力に触発され、彼らをサポートすることの意義、やりがいに目覚め、「地域のために」が自分の信念になるまでに変わりました。

今すぐにそうした情熱を持つことができなかったとしても、企業支援を行う中で、お互いに知恵を出し合いながら課題をクリアする方策を考え、うまく結果が出たときの喜びはきっと自分の情熱につながるはずです。

前向きに情熱を持って自分の仕事に取り組めないという人は、原点に立ち返って、自分が働いている企業の経営理念を再確認してみてください。この組織が何のために存在しているのか、どんな理想や目標を掲げ、そこにどういう努力をしているか……といったことをもう一度確認するのです。前述したように、地域金融機関のほとんどは、地域やお客様の役に立つことを理念としているはずです。自分がその一員として、地域やお客様のためにどれだけ真剣に取り組んでいるか、振り返ってみると気づくことがあるかもしれません。

私の知人の編集者は、かつて勤めていた出版社が「売れる本なら何でもいい」というような姿勢に変わってしまったように感じ、「何のために本をつくっているか分からない」とひどくモチベーションが落ちてしまったことがあったそうです。そのときに、たまたま社長室に掲げられていた「出版理念」を読み、ハッとしたと言います。そこには「我々は、本によって人々の人生を支える使命がある」というようなことが示されていたそうです。「そうだ、自分の使命は誰かの人生を支えること。そのための本をもう一度考え、良い本をつくっていこう」と出版の仕事に対する情熱が戻ったと教えてくれました。

自分の仕事が何のために存在しているか。どんな役割があるか。自分はその中で何ができるか……もう一度、見つめ直してみてください。情熱に火がつくきっかけをつかめるのではないでしょうか。

7. 今、目の前の出会いを大切にしよう

◎出会いはいつもワンチャンス

初めてお会いする方に対して、私はいつも同じ想いを持って面談にのぞみます。

「今日のこの時間で、ｆ－Ｂｉｚに来て良かったと思っていただきたい」

出会いはいつもワンチャンスです。最初の出会いで、相手の心をつかみ、信頼を得るには、ファーストコンタクトが最重要です。時間をつくって面談の場にのぞむ相手は、こちらに何らかの期待を持っているはずです。相談をきっかけにビジネス発展のヒントを得たいと思っているでしょうし、支援者や協力者を見出したいとも思っているかもしれません。それが時間だけが過ぎて、何のヒントも得られないまま終わってしまったら、「来るんじゃなかった」「無駄な時間だった」と失望するでしょう。

最初の面談が肝心だということはすでに述べましたが、「小出に会って良かった」「ここに相

談に来て良かった」と思わせることができなければ、面談の成功にはなりません。

最初の出会いに最大の注意を払い、準備をしっかりと行い、「あなたのために真剣に取り組みます」という姿勢を見せてください。その気持ちは必ず相手に伝わり、面談がスムーズに進むはずです。

最初に相手が「この人は信頼できる」と思えば、次へのステップにつながりやすくなりますし、人を紹介してくれたり、新たな出会いが生まれるきっかけになるかもしれません。

間違っても「今回は最初だから、顔つなぎ程度にしておこう」などと思ってはいけません。ゆるんだ気持ちでいれば、集中力のない対話になってしまい、相手をがっかりさせてしまうでしょう。

◎自分のファンになってもらう

人は初対面の印象で相手をほぼ判断します。出会いのタイミングで、「この人と付き合えば何かメリットがありそうだ」と思ってもらう。それが、私がよく言う「自分のファンになってもらう」ということです。

それは入社1年目の新人であっても可能です。どうしたら自分のファンになってもらえるか。

何度も申し上げているように、基本は相手と真剣勝負で向き合うことです。コンサルティングの仕事を始めたばかりで、最初から相手を驚かせるような提案ができなくても、知恵を絞ってあなたと一緒に事業を成功に結びつけるための努力を惜しみませんというメッセージを伝える。真剣さや、一生懸命さ、誠実さといった情熱は必ず相手の心に響くものです。

そうやって利益第一主義ではない、仕事への情熱ややりがいを見出すことができれば、きっと仕事への向き合い方は変わってきます。そして、１つの出会いがきっかけで、相談者の人生をも好転させることができるのです。相手から必要とされることによって、自分自身の人生観や価値観、職業観も、かつての私がそうであったように大きく転換するに違いありません。

終章

未来に向かってチャレンジ！

1

〈座談会〉f－Biz経験者が語る＝ビジネスコンサルタントへの道

人生観や職業観の変革から必要な考え方やノウハウの習得が始まる

本当の意味で、地域の企業の役に立つビジネスコンサルタントになるには、どうすればいいのか――。その答えを探るため、f－Bizで学び、実際にビジネスコンサルティングの現場で活躍する5人にお集まりいただきました。これまで、どのようなことを学び、どのような努力をされてきたのか、その実像に迫ります。

●座談会参加者（2011年4月23日現在の肩書き）

山本浩治：巣鴨信用金庫業務部すがも事業創造センター（S－biz）ビジネスコーディネーター・次長

竹内昌明：巣鴨信用金庫業務部すがも事業創造センター（S－biz）ビジネスコーディネーター

座談会参加者のプロフィール

山本浩治（やまもと　こうじ）

1994年に巣鴨信用金庫入庫。本店、小竹向原支店、池袋本町支店、西浦和支店で営業課や融資課、お客様サービス課を担当。2008年7月より f-Biz に出向、09年9月より S-biz 立ち上げに従事し、現在に至る。10年4月よりとしまビジネスサポートセンター常駐ビジネスコーディネーター。モットーは「絶対諦めないでやり続ける」。趣味は草野球とサウナ。

竹内昌明（たけうち　まさあき）

1998年に巣鴨信用金庫入庫。椎名町支店、東池袋支店で営業課や融資課、お客様サービス課等を担当。2010年3月より S-biz に所属し、現在に至る。f-Biz への出向は10年5月から7月までの3カ月間。モットーは「自分の判断に責任を持つ」。趣味は野球。

※ S-biz は、巣鴨信用金庫に設置されている、企業の本業サポートを行う部署です。著者が立ち上げから協力し、現在はスーパーバイザーとして S-biz の活動を支援しています。

ター・課長代理

岡部泰士：巣鴨信用金庫業務部すがも事業創造センター（S-biz）ビジネスコーディネーター・係長

寺田望：富士市産業支援センターf-Biz企画広報

松浦俊介：富士市産業支援センターf-Bizアシスタントコーディネーター（2011年3月31日まで。5月より株式会社真田に転職）

（順不同）

◎営業スタイルへの悩みがそもそもの動機

――みなさんが具体的にどのようなことを学び、努力されてきたのかを

座談会参加者のプロフィール

岡部泰士（おかべ　たいし）

1999年に巣鴨信用金庫入庫。練馬支店、成増支店で営業課や融資課、お客様サービス課等を担当。2010年1月よりS-bizに所属し、現在に至る。f-Bizへの出向は10年1月から4月までの4カ月間。モットーは「明るく、強く、正しく」。趣味はテニス。

寺田望（てらだ　のぞみ）

2004年、小出宗昭氏の講演を聞き、この仕事を志す。05年に沼津市役所入庁。水産関係の職場で4年間働いた後、退職し09年4月に株式会社イドムに入社。f-Bizでは主にメディアへの発信など企画広報を担当している。モットーは「人生は一度きり」。趣味はコンビニ巡り・新商品探し。

お聞きする前に、ビジネスコンサルタントを目指された動機と経緯についてお聞きします。まずは山本さん、いかがでしょうか。

山本　直接的なきっかけは、当金庫の本部からの連絡でビジネスコーディネーターを募集しているのを知ったときです。内容は、静岡県の富士市産業支援センターｆ‐Ｂｉｚへの出向で、1年間の単身赴任というもの。当時、小出さんのことはまったく知らず、静岡県富士市の産業支援施設で活躍されているのも知りませんでした。でも、自分が仕事で目指すべき方向性はこれだ！　と直感しました。

それまで14年間営業を経験してきた中で、入庫当初の営業のスタイルは預金で

松浦俊介（まつうら　しゅんすけ）
2007年大学卒業後、NPO 法人 JAE に就職。インターンシップ事業部で企業と学生の橋渡しを行う。09年に株式会社イドムに転職し、11年３月までアシスタントコーディネーターとして f-Biz で働く。現在は京都の食品メーカーに勤務。モットーは「チャレンジ」。趣味はフットサル。

も融資でも何でもかんでも基本は〝お願いセールス〟で、提案営業ができるようになるのに10年はかかりました。提案型の営業ができるようになってからは、それなりに自信を持って仕事にあたっていました。でも今から考えると、提案営業といっても融資を出すための提案にしか過ぎませんでした。

そのころ、そんな自分本位の営業ではなくて、「金融は巣鴨信用金庫じゃないとダメ」「お金を借りるなら巣鴨信用金庫からじゃないと」とお客様から選ばれる金融機関を目指したいと、漠然と考えていました。そんなときに、ビジネスコーディネーターの募集があり、きっとこの仕事が私の考えるようなことを実現してくれるに違いないと思って応募したんです。

――では、竹内さんはどうでしたか。

竹内　山本さんと私が違うのは、山本さんがすでに1年間出向したあとの第2次募集での応募ということです。ちなみに、岡部さんと同じときに応募しました。

以前から、山本さんが1年間行っていたｆ‐Ｂｉｚとはどんな

ところなんだろうと思っていました。当金庫に戻ってきた山本さんには、自分のお客様のところに一緒に行ってもらったり、小出さんの講演やセミナーに行ったりもしていたんです。

私は入庫2年目くらいのとき、当時の支店長に「もし私が企業の経営者だったら、お前がうちの担当だと困るな」と言われました。営業をやってきて成績もそんなに悪くなかったので、何でそんなことを言われるのだろうと思っていたら、「うちの会社が潰れるとして担当者のお前は何をしてくれるんだ」と言われたんです。

それ以来、それが私の金庫人生の課題でした。自分なりにいろいろと勉強していっても、担当させていただいている企業が倒産したり業況が悪くなったりが何度かあって、自分なりには精一杯やってきているけれどもどうすればいいかと悩んでいました。融資だけではお客様の役に立つことはできない、というより金融機関としては限界があると感じていたんだと思います。

それで、山本さんや小出さんの話を聞いたりして、「小出さんのところで学ぶことで倒産する会社を救うことができるかもしれない」「困っているお客様に対して、倒産する前、もしくはもっと早くから、いろいろと提案ができるかもしれない」と考えるようになりました。自分にどんなことができるかはまだ具体的に分からないけれども、カリスマと呼ばれる小出さんのところで学べば、本当の意味でお客様のお役に立つことができるかもしれないと思ったんです。

◎お世話になっているお客様に何もできない…

――岡部さんはどのような経緯だったんですか。

岡部　竹内さんの話にあったとおり、同じときに応募しました。山本さんがｆ‐Ｂｉｚに行ったあとで、小出さんの話を聞いたりしていて、そんな中で手を挙げたという感じです。竹内さんと基本的なところは似ているのですが、営業をやっていてお世話になっているお客様の売上げや業況が悪くなってしまったとき、自分が力になれることはないだろうかと思っていました。

企業は生きているので、例えば3年前は非常に経営が順調で、こちらからお願いしていろいろと取引をしてもらっていても、その後の経済動向で業況が急に悪くなってしまうことがあります。そこで、融資やリスケジューリング、ほかの金融機関や取引先との取引割合の調整、損益分岐点の計算・実行などを行う。そんな話を半日お客様としたところで、結局倒産してしまうこともあって、企業にとって金融機関のできることは非常に限られていると思い知らされました。モチベーションは下がりましたね。金融マンとしての自負があった分、何もできないことが歯がゆかった。こうした状態のとき、小出さんからビジネスコンサルタントの仕事についてお話を伺う機会に恵まれました。すぐに、「これはすごい。やってみたいな」と思いましたね。

応募のときは、子どもが生まれてすぐだったので、f－Bizへの1年の出向は難しいと感じていたのですが、その後、タイミングに恵まれ、思い切って出向を決めました。お客様を救える金融マン、営業マンになろうと、地域金融機関としてお客様とともに生きていくために小出さんに弟子入りをしたのです。

——山本さん、竹内さん、岡部さんのお話やプロフィールを伺っていると、入庫10年あたりで、同じように自身の仕事の限界や壁といったことにぶつかるようですね。

山本　そうですね。30歳台になると金融面の知識も十分に得て、提案セールスも自分一人でできる時期になります。

竹内　経営者は20歳そこそこの若造にはなかなか話をしてくれなかったり、こちらも経営者の求める話ができなかったりもします。それが30歳台になると、ある程度金融マンとして自信を持って経営者と話をすることができ、経営者が本音を話してくれるようになる。ところが、たとえ難しい融資の話ができても、それだけでは会社が倒産してしまうということも、逆に融資を使わないほうがいいということもあります。じゃあ何ができるかと考えても、結局何もできない。とてもお世話になっているお客様に対して、その程度で終わってしまっている自分に悔しい思いをする時期なのかもしれません。

◎この仕事への強烈な印象と感銘がすべての始まり

――その問題意識がこの仕事につながるカギかもしれませんね。寺田さんはいかがでしたか。

寺田　私は金融の分野への興味というより、この仕事のことを知ったとき、私のしたい仕事は「この仕事なんだ」と思い込んだことから始まっています。静岡銀行の内定式で小出さんの講演を聞いて、仕事自体にすごく強烈な印象を受け、小出さんのなさっていることに感銘を受けました。

その当時、小出さんは「ＳＯＨＯしずおか」に出向していました。私は小出さんのもとで仕事がしたい一心で、「ＳＯＨＯしずおか」に行きたいと無謀にも思いましたが、それはかなえられませんでした。それで、銀行員として歩むべきかと考えながらも、こういう仕事を知ったならより近いところに行こうと、静岡銀行の内定を断り、沼津市役所に就職しました。

入所後約４年間、産業に関係する仕事に携わり、それと同時に、個人的にも独自の活動やブログを行っていました。とはいえ、しょせんアマチュアで、相談にいらした方に親身になって対応しているつもりでも、成果が出るまでの道のりが非常に遠回りだったり、途中でストップしてしまったりして、そこに強いジレンマを感じていたんです。

そうした行政での4年が経ち、そろそろ他分野の部署への異動になるかもしれないというとき、小出さんのブログでスタッフを募集しているのを知り、すぐに応募しました。採用が決まり市役所を辞めるときは、まわりの人に「このご時世だから、多くの人が市役所に入りたがっているのに、辞めるなんて」というようなことを言われました。リーマンショックの直後でしたからね。でも、私はようやく目指すところに近づけたわけですし、将来の自分を思い描いたとき、この一歩の重要性を感じたんです。

行政という立場から離れてみて、自分の視野の狭さやスキルの低さ、身の丈というのが分かりました。行政では頑張っていれば評価してもらえたので、いい加減に過ごしてきた部分もあったと思います。金融の世界に足を踏み入れ損ねましたが、今、日々自分の行いたいことをひしひしと感じています。

――松浦さんはどのような経緯でf‐Bizに来られたのですか。

松浦　大学生のときから、地域活性や人材育成にかかわるNPOで仕事をしていました。企業に営業に行き、意欲のある若者を紹介し、彼らが企業に入ることでその企業の成長につながると提案していました。しかし、こうした取組みは、企業に学生を送り込むことはできても、良い経験ができて良かったと学生に感謝されても、企業の事業が成長できたかというと必ずしもそうではありません。なかなか実績は上がらず、歯がゆさを感じつつ、このままではいけないと危機意識を持ちながらも、どうすることもできずにいたんです。

自分がもっと学べる環境を求めていたとき、小出さんのもとで学ぶことができるという機会があると聞き、小出さんの会社「イドム」に転職しました。ＮＰＯの活動を行って６年、社会人３年目のことでした。小出さんの話を聞き、小出さんの著書やブログを見て、そして実際に小出さんのお話を伺い、「こんなに企業の成長に携われるんだ」と分かり、ぜひｆ－Ｂｉｚで学ばせてもらいたいと思いました。

◎「まっとうに考えろ」との言葉が人生観も変えた

――では、ｆ－Ｂｉｚに来て、みなさんはどのようなことを学んだのでしょう。

山本　小出さんからいろんなことを学ばせてもらっています。一番大きなことは、「ビジネスとは」「コンサルティングとは」といった実務に関することではなく、自分の人生観や仕事観が変わったことです。

巣鴨信用金庫に入ってから、営業成績は決して悪いほうではなく、成績が上がって評価の点数が良ければ、すぐに上の段階にステップアップできることしか、私は見てきませんでした。それがｆ－Ｂｉｚで学ばせていただくようになり、お客様が本当に喜んでいる姿や、瞬間にお客様の目が輝くのを目の当たりにしたときに、それまで融資推進で輝かしい実績の中にいて、そこに誇りを持っていた自分がずいぶんちっぽけな人間に思えたんです。

今では、早く昇進したいなどと考えなくなりました。今は新しい部署を立ち上げて注目されていますから、逆にまわりから上を目指せと言われますが、自分では本当に考えなくなりました。

――どうしてそのように変わったのでしょう。

山本　小出さんの姿を見ていて、価値観が変わりました。とにかく究極のおせっかいなんですよ。本当に真剣にお客様のことを考えているんです。

私は営業をやっていたとき、本当の意味でお客様のことを考えていませんでした。実はそれで心が痛かったんです。小出さんは本当にお客様のことを考えて真剣にやる。それに気づいて、小出さんと同じように自分でできるかと考えとき、「自分にできるのかな……」と迷いが生まれ、躊躇してしまいました。それが4カ月間くらい続いたと思います。

この間、実は当金庫の田村和久理事長に「自分には自信がない」と打ち明けたんです。でもそのとき理事長は、「こっちに戻ってきても大変なことはいっぱいあると思うが、本当に困ったときは自分が表に立って頑張る」といったことを言ってくれました。もしかしたら、それで前向きになれたのかもしれません。

竹内　私もf‐Bizで人生観が変わりました。それまでも、自分なりに義理・人情だとか信念だとか熱い想いだとかを持って生きてきたつもりです。金庫の中で成績がそれなりに良く自負はありましたが、点取り虫になった覚えはないし、お客様をだますような営業をしたことはありません。

しかし、考えや想いにまだ浅いところがあって、会社のためとか社会のためということが、小出さんをそばで見ているだけでは分かりませんでした。小出さんといろんな話をする中で、初めてこれまでの自分の言葉はすべて言い訳だったと気がつきました。例えば、「会社のため」はすべて言い訳で、「お客様のため」が本当であれば、そんなことを言わなくていいのではないかと。自分の判断や責任できちんと決めたと言えないときに、逃げ道として「会社のため」とか、「正義のため」とか、「世の中のため」とかを使っていたわけです。

f‐Bizに出向して2カ月経ったとき、小出さんにそのときの気持ちを率直にぶつけました。そのおかげで、私の迷いや疑問がストンと納得できました。カギとなったのは「まっとうに考えろ」という言葉です。迷ったとき、これでいいのだろうかと疑問がわいたとき、立ち止まって「まっとうに考える」ことで、自ずと答えが見えてくる。「まっとうに考える」ということはシンプルですが、非常に深い。それからは、言い訳としての巣鴨信用金庫だから、金融機関だからといった考え方もなくなり、判断基準が明確になったように感じます。

◎いかなる壁にも負けない覚悟を持つ

岡部　小出さんを見ていて思うのは、「覚悟が決まっている」ということです。

一度、小出さんに「想いじゃ仕事はできない」ということを言われたことがありました。私はf‐Bizから金庫に戻り、いろいろなことでブレてしまい、一本筋を通すことができずにいました。そうなってしまうのは、想いを実現させる覚悟がないからだと思いました。口では「出世なんて」とか、「そんなに偉くなりたくない」とか言っていても、自分の行動を振り返ってみると、どうしてもそれを捨てきれないところがある。

最近、そうした気づきがあって、その迷いを捨てて覚悟を決めると、小出さんが今まで言ってくれていたことが腑に落ちるようになりました。覚悟を決めるということが、小出さんの重要なメッセージであり、本気でお客様を救いたいんだったら、まっとうに考えて何をするべきかを見つけ行動する必要があると。しかし、それにはいろいろと壁がある。その壁に跳ね返されるような生半可な覚悟でしかなかったら、自分の想いは実現できない。

小出さんの覚悟は揺るがぬものがあり、私たちにも本気で向き合い、本気で怒ってくれる。外部の人でも本気で戦って、議論をする。正直言うと、当時はもう少しお上手にされればいいのにと思ったこともあります。だけど、その覚悟というところで、富士市を良くしたい、日本を良くしたいという想いがあるので、ここは絶対引いてはいけないと議論をしているんです。

ちなみに、私は竹内さんのように小出さんと喧嘩はできませんでした。

——お忙しい小出さんですから、そうそうお話しする機会はないんじゃないでしょうか。どんな機会にお話をされるんでしょう。

竹内　確かに、講演や相談対応で全国各地を奔走していて、f‐Bizでもひっきりなしに相談がありますから、なかなかお話をする機会がつくれないときもあります。でも、小出さんにはいつでもどこでも声をかけていいと言われていました。忙しくて話せないときもあるかもしれないけれど、とも言われていましたが、これまでに「今はダメ」と言われたことはありません。たとえ日中毎日顔を合わせているようなときでも、夜、何かあれば携帯電話にかけてもいいと言ってくれています。

――具体的にどんなお話をされるのですか。

竹内　人それぞれですし、段階もいろいろあると思います。私の場合、倒産してしまうような会社を救う方法が学べると思って、ここに来たわけですから、最初のうちは何かノウハウや方程式のようなものがないのかと、たぶんそういうことばかりを聞いていたんだと思います。出向終盤はここで教わることはそういうことではないんだと分かったので、山本さんと同じなのですが、自信をなくしてしまったこともあり、どういうことをやっていくべきなのか、無力な自分は今後何をしていったらいいかを聞いていました。

◎人としての形成をもう一度ゼロから始めている

――今現在、小出さんと一緒におられる寺田さんはいかがですか。

寺田　私は小出さんの前で、たくさん泣いたし、これ以上ないだろうというくらい、いろんな面を見せていますが、小出さんは決して見捨てないでいてくれます。

今はコンサルタントとしての様々なノウハウや、仕事をするうえでの重要な点をお話しいただいていますが、以前は人としての部分をお話しいただくことが多かったですね。「あなたのこういうところ、とてもいいと思うよ」などと長所を伸ばしてくれるようなコメントをよくいただきました。

いろんな人たちを見てきているからでしょう。反対に、だからこそ言える厳しい指摘もいただきました。私がここのスタッフになったのは社会人5年目で、それまで行政というぬるま湯にいたので、人より余計に足りない部分があり、それについて小出さんから率直に指摘していただくこともあります。

以前は、そうした小出さんの言葉に一喜一憂したり、心を揺さぶられたりしていました。そして、最後に残ったのが「このままじゃ終われない」「何とか変われるきっかけがあるのなら私はここで生きていきたい」という気持ちです。

自分のキャリアを考え、自分は今何をしたらいいかという悩みを小出さんにぶつけたこともあります。そのとき言われたのが、サッカー日本代表選手・長友佑都さんやプロサッカー選手・三浦知良さんの話です。

お二人はあれだけの才能があるにもかかわらず、人一倍努力をしているからこそあれだけの活躍ができるのだと。カズのあのゴールは偶然じゃないとか、長友は人の3倍走ったからセリエAに行けたんだと。自分で足りないと思うことがあるのなら、他の人の3倍走らないといけないと言われました。

それに、小出さんは私がゆるんだり甘えたり逃げに走ったりしていないかというのをよく見ています。それを的確に指摘されると悔しいものですが、それが発奮のバネになって頑張れる。まだまだ、日々気持ちが落ちたり上がったりしてしまいますが、何とか成長していきたい。そういう意味で、山本さんや竹内さん、岡部さんのお話しにもありましたが、人としての形成をもう一度ゼロから始めている感じだと思います。

——松浦さんは小出さんのもとで学んでどうでしたか。

松浦　最初に気づかされたのは、私は非常に狭い視野で物事を見ていたということです。営業でお客様が獲れたとか、少ない成功事例だけどこんな事例があるんだと、自分を正当化するところがありました。しかし、f-Bizに来てその実績を見ると、自分の結果とは明らかにレベルが違う。何て狭い視野で企業の支援やビジネスのお手伝いを考えていたんだと反省しました。

そこから、自分は何も分かっていないという前提で、小出さんやｆ‐Ｂｉｚのほかのコーディネーター、スタッフが企業と対峙しているのを見ると、ビジネス支援も、人としてもどう企業と向き合うべきかということを学びました。

また、この仕事でこれだけのことができる、企業に対してこれだけの支援ができるといった大きな可能性を見せてもらいました。仕事の可能性や広がる世界の大きさを目の前で見せてもらったわけですから、私の経験上大きなことでした。

――自分の生き方やものの考え方・見方ということについて、みなさんはまず学ばれ、しかもそれが重要だとお考えのようですが、「それより早く直接的なビジネスコンサルティングの手法を伝授してほしい」と思われたことはありませんか。

竹内　例えば、営業マンにはノルマがあるでしょう。営業マンは考えなしについついノルマについて批判・不満を言ってしまいがちですが、実は経営者は会社を中長期的に見て戦略を立てており、それに沿ってノルマが決められている。自分の会社がどんな戦略をもとにノルマを決めているのか分からなければ、ほかの企業の戦略が分かるはずはありません。この戦略はどういう意図によるものかを捉え、真のニーズの把握ができなければ、ビジネスコンサルティングの仕事はできないでしょう。ですから、これまでに出てきた気づきや、ものの考え方といったことがまず重要になるのだと思います。

山本　私も当初、いわゆるノウハウが欲しいと思っていました。先ほどから、お客様のためとか覚悟とかものの考え方とか、一見概念的なことばかりお話ししているようですが、それらも私たちからすると重要なノウハウなのです。

特に、物事の本質を考えるということは重要なノウハウです。例えば、「信用金庫の本質とは?」と聞かれたときに、職員の多くは「預金と融資を行うことです」と答えます。でも、それは単なる業務であって、本質ではない。地域のお客様に喜んでもらうことで、地域の中で自分たちは本当に生きることができる。これが本質です。このように、今では何事においても本質を考えるようになりました。

◎相談の同席だけで終わらず自発的に次の行動をとる

――ビジネスコンサルティングの方法については、どのように

学んでいったのでしょうか。

山本　実際に小出さんがお客様の相談に乗っているときに、その場に同席させてもらいました。最初はとにかくずっと同席させてもらい、半年以降は1日1社か2社程度、自分で担当するようになりました。

竹内　私も当初は1日中ずっと相談に同席させてもらいました。1カ月くらい経ったときに、それだけだと表面的なことだけしか学べないのでは、と指摘されました。2カ月も相談の場に立てば、お客様がどのような状況にあるのか分かる。だから、自分で同席する案件を選ぶようにしたほうがいいと。限られた時間の中、いろいろと学ぶにはどうすればいいかを考えて、自分で動くことの大切さを指摘されたのだと思います。そこから、1日の相談スケジュールを確認し、同席したい案件を選んで頼むようになりました。

岡部　私も最初は同席することでしたね。あらゆるノウハウを得たかったので、最初の1カ月はひたすら小出さんとともに行動しました。小出さんとお客様とのやりとりを一字一句メモするだけ。小出さんが不在のときは、「今日は何をしようかな」と考えるくらいです。ひたすらそんなことをして、それではいけないということにも気づかない私に、小出さんから「同席ばっかりしていても、しょうがないだろう」と指摘され、ハッとしました。

そこからは、今まで同席した案件の内容を整理し、質問や同席したい案件を申し出ました。

そうすることで、少し距離を持ってお客様を観察し、いろんな角度から分析することができたんです。そこで、お客様の良いところを見つけてやる気にさせるという方法を学びました。

でも本当にいろいろ気づいたのは、金庫に戻ってきて自分でやるようになってからですね。あらためて小出さんのすごさをいろいろと感じています。

――自分から動くということも、小出さんは重要視しているようですね。

寺田 はい。私は小出さんにもｆ‐Ｂｉｚスタッフの津田万紀子さんにも、仕事は自分でつくるものだとよく言われました。今やっているのは単なる作業で、どんなことをしたいか、どんな結果を求めたいかの目標を定め、どう動くのかを考えろと。例えば、電話やメール、ＦＡＸをするにも、そもそもどんな効果を狙っているのか、どういうふうにしたら相手は動くのかを考える。ただし、考える時間はできるだけ短く、瞬時に考え、アクションすることを繰り返す、それがトレーニングなんだとも言われました。

スピードは重要です。仕事量は膨大にあって、案件は1つとしてないがしろにできません。この仕事は企業や人の生涯にかかわる重要な仕事ですが、逡巡して滞っていたらどんどん成果を上げるタイミングが遅れます。私たちの仕事は、いかに成果を常に出し続けるかが問われるので、スピードを上げるための仕事の仕方については、特に指摘を受けることが多いですね。

日々の仕事に学びのきっかけや機会はあります。私はスタッフの一員として、自分しかいないんだという覚悟を持っていないといけないと思っています。ここは、毎日が嵐や台風の中にいるようですから、自ずと密度の濃い時間を過ごしています。

松浦　自分で考えることが大切だというのは、どんな組織でも、どんな場面でも、どんな経営者にも、言われることです。私の場合、考えてはいるのですが、そのポイントがズレているということがある。アイデアがまったく現実的ではなかったり、戦略を考えるポイントが間違っていたりということがあります。しかし、そうしたトライ・アンド・エラーを繰り返しながら考えること自体、具体的な戦略・プランを考えるトレーニングになります。

◎お客様をやる気にさせて一歩前に踏み出してもらう

竹内　自分で能動的に動くにも、冒頭に岡部さんが言った「覚悟」が必要なんだと思います。私はｆ‐Ｂｉｚに来た当初、覚悟が足りなかったから、同席をする案件を自分で選んでお願いする際に、迷惑ではないかとかなり躊躇してしまったんです。そもそも何事についても、自発性や責任、行動力等を発揮するには、その大元となる覚悟が必要なんだと思います。

山本　私の場合は、ｆ‐Ｂｉｚを離れて、巣鴨信用金庫に戻って自分で何でもかんでもやっていかないといけなくなってから、本当の意味での覚悟が生まれました。今でもまわりの人にい

ろいろ言われるとそっちなのかなと揺れてしまうので、まだまだ甘いところはありますよ。でも、ｆ‐Ｂｉｚの外に出て一人でやってみて、ここまでの覚悟が生まれたと思います。

岡部　覚悟といってもいろんな形がありますよね。私が考える覚悟とは、本業支援を本気でやっていって企業の役に立つということ。その中には、企業に対して提案する責任もあって、それにはお客様の協力が必要です。私たちの役割は、お客様をやる気にさせて一歩前に踏み出してもらうということです。

小出さんのスタンスは一貫していて、多角的な視野で企業の真の強みを発見し、お客様のやってきたことが間違いではなかったと気づかせて、お客様に自分の会社はまだまだやれるんだという気にさせる。

具体的には、当該企業の持っている最良のセールスポイントを活かした施策を実施してもらう。今はこんな市場があって1億円の機械を入れてこれを作って大量に売ればいいというようなアドバイスは絶対にしません。できるかぎり、金銭的な負担やリスクをかけさせない方法を見つけ出す。企業の持っている強みを活かして、今ある経営資源の中で実施しやすいチャレンジをいろいろ行わせる。企業にとっては、自社の長所を認められつつ、提案されたチャレンジはハードルが低いわけですから、やってみようという気持ちになります。できるだけ大きなリスクは背負わせず、小さなチャレンジが結果的に大きな成果を生むように仕向けるのです。

企業の売上げを上げ、結果的に企業に良くなってもらわないといけないという重大な責任はあります。その責任だけを考えてしまうと、何もできなくなってしまいます。しかし、小出さんのこの手法であれば、企業が倒れてしまうようなこともないですし、私たちがそうした責任を負うこともないのです。

◎お客様の表情が良くなることがうれしい

――企業がチャレンジしやすい提案とは、企業の持っている強みを活かして、今ある経営資源の中で実施しやすい施策を提案することなんですね。では、それはどのように行えばいいのですか。

山本　分かりやすい成功事例、つまり同じような企業の成功事例を紹介する方法です。業種や状況などが同じような企業で成功した例について話し、「こんなふうに成功した事例があるんです。あなたのところにも同じようなこんな良いところがあるじゃないですか」と問いかけます。そうすると、お客様の目の色が変わるんです。「そういうのだったら、うちにもあるんじゃないか」って。ここでのポイントは、お客様にも考えさせるということですね。

岡部　「お客様とともに考える」というと、一般的にはコンサルタントがしゃべりまくり、それから経営者と一緒になって考えるイメージがある。これでは、お客様はあまり足がかりのない状態で考えることになり、積極的に考えるという行動に移しにくくなってしまいます。特に、「うちには何にもない」とか、「うちは下請けだから」とネガティブになっている相手にいくら言葉で一緒に考えましょうと言っても無理ですよ。

ですが、私たちの行うこの方法は、身近な事例を紹介することで、お客様に「うちだったらこんなことができるかも」「うちだったらこれをこうすればいいかも」と思ってもらえます。

松浦　f‐Bizでは、これまでの成功事例をファイリングしているので、それを示しながらお話をしています。

山本　S‐bizでも、同じようなファイルがあるんですが、小出さんが携わられた案件の新聞を見せて、富士市でこんな成果があったんですよと説明しているんです。

寺田　こうした話をすると、その経営者は気持ちが一転します。現状はどん詰まりなんだと背中を丸めていた方が、f‐Bizに来て1時間足らずで「本当に来て良かったです」と前向きな表情で帰るんです。こうした光景を見たり、後日「これだけの成果が出ました」と実績を持って来てくださる方、高いモチベーションを取り戻し、経営にあたっている方などを見ると、本当にうれしいです。サポートの大切さはもちろん、その方法の重要性を実感します。

◎本当のことを捉えるにはシンプルに考えればいい

——この仕事をしているからこその醍醐味ですね。

山本　そうですね。個人的な感想ですが、そもそも金融機関の人間ってお客様に信用されていないんですよ。特に、中小企業が厳しい状況の中で、金融機関はお金をどう調達すればいいかという策を提案する。そこで、決算書を預かるわけですが、その決算書は必ずしも正直とはいえません。それでどこを調整しているかを言ってくれればいいのですが、お客様はあえて金融機関に言わない。たぶん我々のことを信用していないからでしょう。

一方、ビジネスコンサルティングという仕事では、お客様は信用してくれる。例えば、私が提案したことを実践して取引先が2件増えたといった嬉しいメールをいただくことがあります。しかし、融資をしているだけでは、わざわざメールでお礼をいただくことはありません。

竹内　金融サービス業は誰にでも必要なことですから、お客様が真に求めることを提供すれば本当に喜んでもらえると思います。ただし、それにはお客様の真のニーズを捉える必要があります。例えば、住宅ローンを申込みに来た人の場合、住宅ローンを組むことが真のニーズではなく、家が欲しいから来ている。本当はローンなんて組みたくないはずですよ。現金があれば現金で買うと思う。考えてみれば当たり前のことなんですが、なかなか気づけない。こうしたお客様の真のニーズに気づくことができれば、どうしたらお客様が喜ぶかは自ずと見えてきます。

――そうした物事の本質や真のニーズを捉えていくというのは、容易ではないし骨の折れるプロセスだと思うのですが……。

竹内　あまり難しく考えないで、シンプルに考えればいいのだと思います。確かに、組織やそれまでの考え方・慣習といったことが邪魔をするということはあるかもしれません。まずはそれらを頭の中から除いてください。自分に都合の良い、いろんな言い訳を全部捨てれば、すぐに答えは出るのだと思います。

松浦　私自身は〝自分はズレている〟ということを認識してから、物事の本質や真のニーズを考えるようにしています。それまでの常識や狭い範囲でものを見ていると、どうしてもうまくいかない。うまくいかないというのは、やはり何かがズレているからであって、軌道修正するしかありません。

寺田　うまくいかないなら、うまくいかないなりの理由がありますよね。検証をないがしろにしているということもあるけど、うまくいかないからすべてダメとしてしまう人もいる。それは問題で、理由をしっかり検証する必要があります。例えば、今にも倒産しそうな商店でも100年続いていたりする。それには必ず理由があるんです。たとえ経営者が「うちなんかダメだよ」と言っていても、「長く営業されているじゃないですか。その理由は何だと思いますか」と聞くと、意外とそこに儲けのヒントがあったりします。

松浦　売れるものには売れる理由があるし、売れないものには売れない理由があります。その理由をなるほどと思うまで考える必要があります。

寺田　それには検証や研究が必要なんですが、意外と行われていないことが多いです。成功する人ほどいろんな成功パターンを勉強しています。

例えば、私たちが企画するセミナーの講師の方々は本当によく勉強されています。情報収集しているし、常にトレーニングしています。小出さんだって、いろんなところでいつもトレーニングしていますよ。がむしゃらに勉強や努力をしているというわけでもないようですが、新聞等に掲載されている新商品のチェックは早いし、コンビニエンスストアで何気なく買ってきたものが、新商品で面白い観点で作られたものでリリースを見ると新たな発見をしている。私からすると、よくこんなことを見つけてきたなとか、よくテレビを見ているなと思うこともあります。絶えずアンテナを張ってチェックしているんでしょう。それを心がけておけば、自然と検証や研究を行うようになります。

◎トレーニング継続の秘訣はまわりの人との意見交換

――トレーニングの話が出ましたので、ビジネスコンサルタントに必要な日々のトレーニングについてお話いただきたいと思います。本書では、新聞を読むことや新商品のチェック、商品に関するシミュレーションなどを、日々のトレーニングとして取り上げています。やはり継続が必要だと思うのですが、継続していく秘訣は何かありますか。

山本　私は机に向かっての勉強はしていません。ですが、土日や休日にもお客様のことを考えています。週末に子どもと遊んだり、家族で出かけて、例えばショッピングモールに行ったとすれば、品物を見て、この技術はあのお客様にうまく転用できないかなとか、これはなぜ売れているのかということを自分なりに考えます。この方法であれば、楽しいので、無理なく続けられています。

竹内　私は新聞を読んで、同じ所属部署の人たち、特に岡部さんとですが、その内容について意見交換をしています。そうしていると、その意見交換の中でいろいろな情報や各自の意見を聞くことができます。この意見交換やお客様に何か面白い話を披露しなければいけないので、進んで新聞を読んでいる感じですね。

営業をしていたときは、日本経済新聞で最初の3ページだけ読んで終わっていたのですが、今では日経新聞のその他の面や日経MJ、いくつかの産業新聞、雑誌に自然と目を通すようになりました。そうしてくると面白いことに、多くの情報がつながり合ってくるんです。例えば、コーヒー豆の価格上昇のニュースが、スーパーマーケットの対応やUCC・スターバックスコーヒー等の動きといった記事につながっていく。そこでさらに、ここはこうだからこうしたのではないかと、自分なりの仮説を立てていきます。この作業は楽しくて、またその仮説を他の人に披露したり、意見を聞いたりするのも楽しい。

岡部　最初は竹内さんと二人でやっていたことなんですよ。ですが最近は、その他の人たちも一緒に行っています。いろんな人が入ってきたので、良い意味で多くのことに気づかされる。

勉強にもなるし、Ｓ‐ｂｉｚのみんなでディスカッションするので楽しいですよ。

山本　金融機関というと、みんなが黙々と仕事に没頭しているというイメージがあるじゃないですか。でも、Ｓ‐ｂｉｚでは朝に新聞に関することなどいろんな話をしているので、言葉が飛び交っています。

竹内　やはり一人だと、見られる新聞やテレビに限りがあります。それぞれが意識を高くして新聞やテレビ等を見ていると、自分が把握していなくても情報が得ることができます。小出さんは一人でやっていますが、自分のレベルでは、みんなで意見交換していろいろなアイデアを聞いていくという方法が合っているようです。

◎身近に感じる分野の記事は頭に入りやすい

――みんなでディスカッションするのは楽しそうですね。

それに一人孤独に継続していくというのはプレッシャーになりますが、みんなで行っていれば難なく継続していけそうです。f‐Bizでも同じように意見交換をしていますか。

寺田　松浦さんが朝、小出さんといろいろなことをテーマに意見交換しています。小出さんはその中で考えをまとめているようです。あれはすごいですよ。

——すごいってどうすごいんです？

寺田　小出さんが松浦さんとやりとりしている中で、「この情報、どこで仕入れてきたんだろう」と感心していたんです。情報力を誇る小出さんがこう言われたんです。

松浦さん、f‐Bizに入ってきてから、情報網が広がったように見えるのですが、何をチェックしていたんですか。私もよく知っているなと感心していたんです。

松浦　何でしょうね。世の中のことが面白くなったというのはあります。いろんな商品・サービスに関心が生まれ、その狙いに興味があるんです。f‐Bizでいろんなビジネスに携わって、そのおかげで身近に感じるネタが増えてきました。

f‐Bizはありとあらゆる業種のサポートをしているから、そのためにいろいろな新聞をちゃんと読むには時間がかかりすぎると思いながらも、ついつい新聞を読みながらこの記事はあの企業に関係するとか考えてしまう。自分がかかわった事業に関係することは、いろいろ面白くなるんです。そうすると、例えばコンビニの商品のこととか、いろんなところのいろんなものが頭の中に入ってきます。
竹内　寺田さんは個人的にブログでいろんな新商品について書いていますね。これは面白いです。言われてみたら確かにそうだなと思って読んでいます。
寺田　そんなに突っ込んだ内容を書いているわけではないです。ｆ‐Ｂｉｚにはいろんな業種の人たちが来ます。農業からサービス業、建築業、製造業まで、ほとんどの業種を網羅していて、そういう人たちが来るだけですごい刺激になっています。

◎自身が成長するとともに、分かりやすい成功事例を生む

――最後に、みなさんの今後の抱負をお聞かせください。
山本　今の目標は、誰にでも分かりやすい成功事例を生み出すことです。あと、ビジネスコンサルティングはハードルの高いことのように思われてしまうので、お客様に身近な存在であるという印象を持ってもらえるようにしたいです。それには、成果を出すというのはもちろん、情熱を持って、強い当事者意識でお客様と相対することにより、お客様にやる気になってもらうことを目指します。
竹内　私は倒産する企業を救えるようなものを見つけたいです。また、今は売上げが上がって

いる企業でも、それをもっと伸ばしたいと思っているはず。すべての経営者は間違いなくもっと良くなりたいと思っているわけですから、企業を経営されるすべてのお客様にちゃんとした具体的な成果を出せるような人間になりたいです。

岡部　長期的な目標は、うちの金庫を日本で一番の信用金庫にすることです。我々三人とも同じ思いですが、そのためには、本当にお客様が良くなる提案ができるようになる必要があります。また、うちの職員にも地域の人たちにもこれって「本当にいいことなんだ」「すごいことなんだ」「私たちもやらないといけないことなんだ」と気づいてもらえる結果を出すことを目前の目標として、自分も成長していきたい。

寺田　私は小出さんの生きざまや働き方をいつも目にして仕事をしています。本当に道のりはまだまだ長いですが、トライし続け、企業や人にお手伝いを求められる人材になりたいですね。常に自分自身に問い続ける毎日を送ろうと思っています。そろそろ、もう一段成長しないと。

この仕事は本当にすばらしい仕事だと今でも思います。直観的に動く性格ですが、最初に小出さんの話を聞いて感銘を受けたときから今に至るまで少しのブレもない。一方で、だからこそ難しさも実感している。一歩でも前進できるように頑張りたいです。

松浦　これからは支援対象としてきた中小企業の中に入るわけですが、ｆ‐Ｂｉｚで学んだことをもとに分かりやすい結果を出していきたい。これがまずやるべきことで、次のステージに行くために必要なこと。

ｆ‐Ｂｉｚでは、小出さんにカッコイイ生き方、仕事の仕方も学ばせてもらいました。この経験はとても貴重なことでした。卑屈になるのではなく、自分自身で自分を認められる、納得できる仕事の仕方・姿勢で取り組んでいきたいと思います。

ビジネスコンサルタントを目指す人たちへのメッセージ

2 地域・企業・人の役に立ちながら、自分を磨ける仕事をしよう

富士市産業支援センターｆ-Ｂｉｚセンター長　小出宗昭

◎「何のために働くか」を問い直す

ｆ-Ｂｉｚで学ぶ人たちへ教えていることは、自分自身の経験に基づいています。「はじめに」で述べたように、静岡銀行の行員だった頃は、今とはまったく異なるメンタリティでした。企業支援などという考えはおよそ持ち合わせておらず、与えられた仕事の範囲の中で、いかに合理的にノルマを達成するかを考えていましたし、当然のように管理職を狙っていました。

それが「ＳＯＨＯしずおか」に出向し、コンサルティングという世界に足を踏み入れたとき

から、職業観から人生観からすべてひっくり返りました。

しばらくは、静岡銀行の肩書きが通用しない、厳しい環境にさらされ、どうやって企業支援を行い、起業家を育てていけばいいか、まったく分からない状態が続きました。施設に相談者が訪れても、相手の心をつかむような対応はできず、結果も出せません。誰も教えてくれないし、見習うべきモデルもなく、まさに手探り状態でした。実は、この仕事の本質が明確に見えてきたのは、ｆ‐Ｂｉｚを運営するようになってからのことです。

この世界に入った初期の頃、数々の壁にぶちあたるたびに、私が何度となく自問したことがあります。それは、

「自分は何のために働くのか」

という根本的な問いです。地域の中で必死に頑張る事業主や起業家との出会いをきっかけに、社会ではなかなか正当に評価されない彼らを支援することこそ、自分の役割ではないか。組織の中でポジションを上げることよりも、高い報酬を得ることよりも、彼ら名もなきチャレンジャーたちの成功を支援することのほうが、自分にとってよほど価値のあることではないか——

その思いが信念となったとき、仕事へのかかわり方が変わりました。起業家と同じ空間で仕事をする環境で、自ずと大組織で働いていたときの価値観が崩れていったのです。おかげで、行き詰っていた様々なことが一気に開けてきました。

こうした私自身の経験から、ｆ-Ｂｉｚに学びに来ている人たちには、「何のために仕事をするのか」を見つめ直し、自分自身のメンタリティを再構築するよう働きかけています。

例えば、金融機関の場合、企業との間で貸し借りの関係性（金融機関の優位性）があるという、既成概念を壊す必要があります。そうでないと、お客様と同じ目線に立って相談に乗ることもできませんし、もちろん、この仕事での成果を望むことはできません。

このように、日頃、当たり前と思ってきたものや、既成概念を一度スッパリと捨ててしまうのです。このステップは自分自身の考えや常識を一度否定するわけですから、精神的にきついものです。しかし、ここをクリアできると、考えや進むべき道が明確になり、仕事のうえでの判断にも一貫性が生まれ、推進力が高まります。

◎企業支援には起業家精神が必要

企業（起業）支援の仕事は、一時的ですが、お客様の人生を預かります。私たちのやり方一つで、その人の人生を大きく変えてしまうのです。私は11年間で、その現実をまざまざと見てきました。この仕事に携わる人にも、目指す人にも、大きな責任を背負う仕事だという自覚を持って取り組んでいただきたいと思います。

責任重大な仕事ではありますが、自分の人生にかけがえのない価値をもたらし、自分自身を大きく成長させてくれる仕事だと自負しています。企業支援のノウハウを蓄積し、実績を積むことができれば、どこへいっても支持される人材になれるでしょう。

また、今の日本には、人生をかけて支援に取り組もうというメンタリティを持った人材が切実に求められています。

ぜひ、この仕事を目指す人、携わっている人には、起業家精神を発揮し、奮起していただきたいと思うのです。

昨年3月11日、東日本大震災（東北地方太平洋沖地震）以後、日本の経済やその置かれている状況は一変してしまいました。日本全体が痛みを分け合う中で、私たちが果たすべき役割は明確です。特に地域金融機関こそ、今ほど真価を問われている時代はありません。いかに地域のために汗を流せるか。厳しい経営状況にある地域の企業を救い出せるか。それは、まさに社会の課題を認識し、事業によって変革を起こす社会起業家的な働きです。

企業で働きながら、そしてその企業に貢献しながら、真の意味で社会に貢献することができる仕事。それが、私たちが誇りを持って取り組んでいるビジネスコンサルティングであり、企業支援なのです。そうした高い志と熱い情熱を持って、地域の中で自分を活かす働き方を目指す人たちが一人でも増えることを願っています。

小出宗昭（こいで　むねあき）
株式会社イドム　代表取締役
1959年生まれ。法政大学経営学部卒業後、(株)静岡銀行に入行。M＆A担当などを経て、2001年に創業支援施設「SOHO しずおか」へ出向、インキュベーションマネージャーに就任。
2005年、起業家の創出と地域産業活性化に向けた支援活動が高く評価され、「Japan Venture Award 2005」(中小企業庁主催)経済産業大臣表彰を受賞。
2008年に静岡銀行を退職し、(株)イドムを創業。「富士市産業支援センター f-Biz（エフビズ)」の運営を受託し、センター長に就任し現在に至る。
静岡県内でも産業構造の違う３都市で計４か所の産業支援施設の開設と運営に携わり、1,300件以上の新規ビジネス立上げを手掛けた。そうした実績と支援ノウハウをベースに運営している f-Biz は、国の産業支援拠点「よろず支援拠点」や愛知県岡崎市の OKa-Biz、広島県福山市の Fuku-Biz、熊本県天草市の Ama-biZ など各地の地方自治体が展開する○○-Biz の原点となるモデルでもある。

【著書】『あなたの起業成功させます　創業支援施設「SOHO しずおか」の起業マネージャー奮闘記』サイビズ／『カリスマ支援家「小出宗昭」が教える　100戦100勝の事業サポート術』近代セールス社／『次から次と成功する起業相談所　人も企業も地域も生き返らせます！』亜紀書房／『地元の小さな会社から「稼ぐ力」を掘り起こす ワンストップ・コンサルティングの実践』同友館

小出流ビジネスコンサルティング

2012年５月11日　初版発行
2017年６月28日　第３刷発行

著　者　小出宗昭
発行者　楠 真一郎

発　行　株式会社近代セールス社
http://www.kindai-sales.co.jp
〒164-8640　東京都中野区中央1-13-9
電 話　03（3366）5701　　FAX　03（3366）2706
印刷・製本　広研印刷株式会社

ISBN 978-4-7650-1126-6 C2033
編集協力：山田 真由美
本文イラスト：五十嵐 晃